GERMAN SANCHEZ ESPESO

EN LAS ALAS DE LAS MARIPOSAS

PLAZA & JANES EDITORES, S. A.

Foto de la portada:
© F. BEDMAR

Primera edición: Abril, 1985

© 1985, Germán Sánchez Espeso
Editado por PLAZA & JANES EDITORES, S.A.
Virgen de Guadalupe, 21-33. Esplugues de Llobregat (Barcelona)

Printed in Spain – Impreso en España

ISBN: 84-01-80722-0 – Depósito Legal: B. 12834-1985

Impreso por Printer Industria Gráfica sa   Sant Vicenç dels Horts   Barcelona

INDICE

ÍNDICE

I. POMPA FÚNEBRE

De poco o nada le iba a servir a Florián recriminar a su señor. El viejo era muy terco. En vano el doctor le había prohibido hablar, sobre todo desde anoche, que le metieron por nariz y boca tubos de alimento y de respirar. Pues con tubos y todo, don Lisardo amaneció gritando que si en aquella casa estaban todos sordos o qué, pues llevaba una hora pidiendo que le trajeran el agua de lirios.

¡Señor, qué paciencia! ¿Cómo iba a beber nada aquel hombre con las tragaderas impedidas por tubos y sondas? Un hombre que, dicho sea de paso, anoche no movía los párpados, y apenas si empañó el espejito que le puso la gobernanta en los labios, para ver si aún alentaba.

El mayordomo perdía los estribos. Además, aquella forma de gritar. Quince meses llevaba muriéndose el viejo y quince el paciente servidor advirtiéndole que no diera voces, que para llamar tocara la campanilla.

—¡Ja! —se mofó el viejo—. ¡La campanilla!

Entonces recordó Florián que anoche, después de que los mozos de *El Ángel de Tobías*, Funeraria de Servicios Plenos, tomaran las medidas para el féretro, él mismo retiró el frasquito de píldoras, el reloj despertador, la campanilla de plata y otros cachivaches que ninguna falta le harían al moribundo; ah, y la dichosa copa de agua de lirios.

Al mayordomo se le subía la sangre a la cabeza. Ya le iba a dar él agua de lirios; unos azotes bien dados era lo que don Lisardo necesitaba. Y pensar que, ayer mismo, el viejo había requerido la presencia de un experto que le enseñara a bien morir. Pues ha de saberse que *El Ángel de Tobías*, entre sus cómodos servicios, ofrecía clérigos o laicos para preparar el tránsito del moribundo. Y encastillado en la negativa de que viniera un capellán, pues no creía en curas ni en frailes, don Lisardo pidió un filósofo racionalista.

El Ángel de Tobías envió una especie de enano viscoso y regordete, de gafas diminutas y espesas como microscopios, llamado nada menos que Melquisedek. El filósofo tomó la mano esquelética del moribundo entre las suyas para traducirle la esperanza científica de la inmortalidad de la mente en un postulado elemental (la energía no se destruye, sino que se transforma), que le dejó aún más desconcertado de lo que estaba.

Tuvo que ser, como siempre, Florián el que le sacara del atolladero, repitiéndole que no era necesario aprender a morir, como no era necesario aprender a mamar, que eso se traía aprendido al mundo. Y añadió, dando un sonoro suspiro y descorriendo las cortinas del balcón:

–Morir debe ser tan fácil como nacer, aunque menos doloroso, puesto que uno se va a la Nada, donde no se sufre, digo yo.

El mayordomo devolvió a su sitio los objetos trasladados la noche pasada, y al cubrir la copa con un tapetito, se preguntó de dónde habría sacado don Lisardo la idea de que el agua de lirios fortalecía el corazón. Eso ahora, que antaño bien se abrevaba el brandy de un frasquito de petaca que siempre llevaba en el bolsillo.

–¿Llegó ya mi prima Griselda? –farfulló el viejo, masticando los tubos, que convirtieron la frase en un gruñido ininteligible, aunque no tanto como para que Florián no adivinara, por el soniquete, el objeto de la pregunta: la prima Griselda. ¿Avisaron a mi prima Griselda? ¿Ha llegado ya mi prima Griselda? ¡Diablo de prima Griselda! Don Lisardo tenía en la cabeza un avispero de momias y fantasmas. La prima Griselda ni venía ni podía venir. La pobre, si viviera, pasaría de los cien años.

Don Lisardo pidió también que le quitaran de su vista aquellas malditas flores de muerto y los crespones funerarios del espejo de la alcoba, que lo velaban por alguna aldeana superstición.

Por fortuna, los cirios y los candeleros se quedaron en el vestíbulo, al pie de la escalinata, con el gran crucifijo en peana de latón recién lustrado para la pompa fúnebre. Los pensamientos blancos y morados, en cambio, y las dalias y ciclámenes en ánforas de alabastro, ya habían sido introducidos en la alcoba y agobiaban el lecho mortuorio.

–Tanta flor, lejos de aliviar el duelo, lo agrava –murmuró el malhumorado moribundo.

Sobre todo era fastidioso ver el alto jarrón de los crisantemos de largo tallo, que asomaban sus fúnebres cabecitas blancas por sobre los pies de la cama, como coro de ánimas en purga, que hubieran salido a recibirle repitiendo el escalofriante estribillo que los muertos recitaban en la noche contumaz del camposanto y que tía Melisenda se lo cantaba de niño, en día de difuntos:

> *Como te ves, yo me vi;*
> *como me ves, te verás...*

Orosia y Palmira se apresuraron a quitar los lutos del espejo y a devolver las ánforas y jarrones al vestíbulo. Las dos doncellas se ajetreaban graciosamente, apenas tocando el pelo de las alfombras con las puntas de los pies, como danzarinas, apremiadas por los cuchicheos coreográficos de la gruñona doña Pelayo. La vieja gobernanta deploraba de igual manera la indolencia que los movimientos inútiles.

Apartando levemente un visillo con el meñique, Florián buscó un instante de sosiego para sí en el geométrico sosiego del jardín cerrado por una verja celada con un alto seto que lo protegía de la curiosidad exterior y lo sacaba de este mundo. Como si hubiera levantado la cabeza de la tumba el arquitecto Le Nôtre para diseñarlo, al jardín no le faltaba la planta de arriates tirados a escuadra y el virtuoso alzado de grutas y templetes que debe tener un jardín a la europea que se precie de serlo. Y todo ello en un tal colmo de simetrías que, se le mirara por donde se le mirase, no tenía una entrada y una salida ciertas, ni un principio y un final que no estuviera inscrito en sí mismo, como juego de parchís.

En cuanto a su punto central, se diría que era eje y resumen de todo devenir humano, pues en él se alzaba una curiosa estatuilla de Afrodita con guadaña al hombro, cuya precisa sombra señalaba, sobre una loseta, la hora solar. Y en medio de aquel ámbito cerrado, Adán en su Edén, Minotauro en su Laberinto, el jardinero se afanaba sobre la geometría vegetal como un arácnido celoso.

Hubiera sido la completa paz en aquella afable parcela de paraíso, si no alzaran tanto la voz los músicos y las plañideras, que acababan de llegar. Se les había servido un refrigerio en un arriate apartado, encareciéndoles alguna compostura, por la proximidad de la muerte, que su rutina de músicos de entierro había hecho olvidar. Porque había que haberlos visto dejar los instrumentos esparcidos por el césped, al olfato de las viandas, como enseres abandonados por un ejército en retirada, y a las plañideras empujar los emparedados con vinito y gastarse bromas con la boca llena.

Demasiada algarabía para un muerto, pensó el mayordomo y corrió escaleras abajo para rogar a los músicos (hay que decir que con algún improperio mascullado), que bajaran el diapasón, y, aprovechando el viaje, cambiarles el morapio de la colación por limonada monda y lironda. ¡Hasta ahí podía llegar la cosa; que de una marcha fúnebre saliera una zarabanda!

Además, ¿qué iba a pensar de todo aquel alboroto el administrador Armijo y el Consejo de Administración de *Aleaciones de Circonio y Aceros Especiales*, sumidos en deliberaciones desde el punto de la mañana? Para pocas bromas estaban hoy aquellos ocho señores ataviados de oscuro y entenebrecidos de semblante, que habían llegado en ocho automóviles negros y se habían sentado en torno a una mesa como brujas alrededor de un caldero. Ello no obstó para que se hicieran servir un bonito tentempié de muslos de faisán, pastelitos de grosella y uva moscatel, todo en vajilla de plata, con que aliviarse el duelo, antes de abrir las carpetas. Y fueron de no olvidar las palabras con que el que debía ser el presidente, no sin un inevitable temblor de la voz, había abierto la sesión:

—¡A ver, ese mayordomo enfadoso que escucha detrás de las puertas, que haga el favor de largarse de ahí!

La verdad es que existen algunas situaciones de las que la única salida posible es jugar con una moneda entre los dedos. Aquélla fue una de esas situaciones. Y aunque Florián hiciera lo que hiciese, aunque no volviera a arrimar el oído a la hoja de una puerta en toda su vida, hay actos que a uno le marcan para siempre, y él pasaría a la posteridad, si la frase se había asentado en las actas, como aquel mayordomo enfadoso que escucha detrás de las puertas.

Y hubiera exteriorizado alguna profunda ira, si no fuese porque ya había bastante jaleo en la casa, como para ponerse, encima, el mayordomo a patear los muebles. Por suerte, los cocheros con la carroza, los caballos empenachados y los mozos con el negro y dorado furgón de la funeraria, se habían alojado en la parte posterior de la casa, junto a las cocinas. Florián seguía preguntándose que a qué un aparato fúnebre tan subido de tono, total para que le echaran a uno tierra encima.

—Con música y llanto, un entierro es otro cantar —le había dicho el gerente de *El Ángel de Tobías*, a la hora de entregarle los talones para que los firmara quien tuviera potestad para ello—. En estos tiempos, la gente no sabe morirse. Se van de este mundo sin comitiva de caballos ni séquito de músicos y plañideras, como los perros; sólo el lúgubre sonido de las paletadas de tierra sobre el féretro y la penosa queja del viento en los cipreses. Pero no en vano el lema de *El Ángel de Tobías* reza: *Usted mué-*

rase tranquilo, que nosotros nos ocupamos del resto. ¿A qué prescindir de la pompa debida a tan trascendental acontecimiento? ¿No nos morimos sólo una vez? ¿A qué escatimar, pues, las minucias de un breve capítulo de gastos, de un insignificante anexo al presupuesto global?

«¿Minucias?», pensó Florián. Con lo de la música había para pagar el entierro de diez mayordomos. Respecto a las plañideras, que eran todas pelanduscas retiradas, podría jurarse que, en sus buenos tiempos, cobraban menos por un meneo que lo que hoy pedían por un sollozo.

Rumiando los enfados en los bozos, el mayordomo regresó junto a su señor, para atizar los carboncillos del pebetero y poner a quemar las gomas de olíbano y benjuí, que tanto aliviaban las jaquecas de un enfermo del que estaba «hasta aquí», y se tocó la cúspide de la cabeza, para expresar hasta dónde le llegaba el hastío.

Luego miró hacia la pared frontal de la alcoba. Allí seguía la mosca verde, que se había instalado junto a la cabecera de la cama desde el mismo instante en que comenzó a agonizar don Lisardo. Sin duda aguardaba a incubar sus huevecillos en el muerto, como se lee de algún tortuoso género de moscas. Por cierto, que aquélla era el mismo diablo. A los insecticidas parecía inmune, al golpe del matamoscas se hurtaba con una agilidad inteligente, e intentar espantarla con plumeros y gamuzas era poco menos que entregarse a la burla de un insecto. Mientras, en cada uno de los mil espejitos exagonales, que componían su abultado ojo de mosca, se multiplicaba la imagen, ávidamente repetida, del perfil afilado del moribundo.

Cuando gobernanta y doncellas despejaron de vasijas y flores el dormitorio, y desaparecieron llevadas por alas de algodón, el mayordomo preguntó a su señor si deseaba algo más el señor, y obtuvo por respuesta del señor al que humildemente servía un significativo gesto de repulsa de señor por sus criados.

Paciente ha de ser un siervo, pero no tanto como para no taconear el suelo, contrariado porque el moribundo que le tiranizaba no acababa de morir, por no decir que estaba resucitando. Pero había que tener modales en aquel lugar, por el anciano, por el señor, por el moribundo y porque el muy cabrito estaba por repartir una fortuna tan opulenta que de las migajas harían festín los criados.

Por eso, Florián abandonó la alcoba del amo caminando hacia atrás reverentemente. Tuvo que reprimir las ganas de dar un portazo al salir. Con todo, se inclinó sumiso antes de cerrar la puerta. Luego dejó escapar una ventosidad. Era su forma más auténtica de mostrar desprecio.

II. EL REFLEJO DEL TOPACIO

Contemplando la campanilla, don Lisardo aguardó la salida del sol. Los primeros rayos no tardarían en atravesar los visillos por los dibujos del encaje. Era el momento en que, haciéndose visible, un polvillo pasmoso se levantaba de las cosas, emprendiendo un viaje ascendente, como si negara la naturaleza de las leyes más elementales. El destello de la plata le obligó a cerrar los ojos. Pero sólo cuando sonó el timbre del despertador quedó dormido.

La mano misteriosa del sueño o su propia mano, alzó una bonita pluma de ave y rasgueó el áspero pliego de papel extendido ante sus ojos. Él mismo había decidido, días atrás, redactar de propio puño el testamento, por el que otorgaba alguna distinción a sus vasallos.

Sus razones había para ello. Un semanario de altos chismes, proclamó a don Lisardo el *Rey del Circonio*. Avalaba el título su famosa *Fundición de Aleaciones de Circonio y Aceros Especiales*. Y como rey que era, en su pecho estaba otorgar dignidades y favores a los suyos.

De ahí su última voluntad de nombrar al fiel Florián *Príncipe de la Discreción*, y a doña Pelayo *Duquesa del Bululú*. Y extrañamente, para los que no conocieran los intríngulis de la casa, sus doncellas Orosia y Palmira (era un decir, pues de doncellas poco tenían aquellas suripantas), quedaban elevadas al rango de *Almirante del Ancho Ponto* la una y *Señora de Todas las Hadas* la otra.

El sabía por qué. Aún le retemblaba en las pupilas el reflejo de una Orosia y una Palmira representando el apasionado abrazo de Ulises y Polimela. Ni era de olvidar tampoco la atrevida manera de entregar el vientre el hada Morgana al mago Merlín que, hincándole unas tijeras de podar, se extendía en un patético recitado en el que se decía, por boca de una Orosia con barbas pintadas al carbón, que el amor está cerca del odio, y su acto supremo muy cerca de la muerte a hierro, como el abrazo está cerca de la pugna y la luz de la sombra.

Daba gusto verlas reproducir escenas de «amores locos», como él los apodaba, junto al doloroso lecho, vestidas de retazos y atavíos sacados de algún viejo cestón de comediantes que, a don Lisardo, le transportaban por el olfato al armario donde su madre guardaba ropas íntimas.

No era infrecuente que doña Pelayo dispusiera los disfraces de las doncellas para regocijo del señor. Orosia y Palmira lucieron en el último mes las sandalias y las túnicas de Marco Antonio y de Cleopatra, los yelmos y los chapines de Lanzarote y de Ginebra, y las calzas y los miriñaques de Romeo y de Julieta. Incluso, en alguna ocasión, la vieja levantó el látigo para castigar, con gran alegría de su amo, a un Otelo impenitente o a una Penélope casquivana.

Lo suyo le costó a doña Pelayo que las muchachas se prestasen a desdoblar su cometido de fámulas, alargándose a comediantas de capricho. Orosia y Palmira se habían negado a acceder graciosamente a una «voluntad de última hora» que no debía ser tan última, puesto que venía dilatándose por meses.

Pero la gobernanta supo sacudirles los rubores. Cuando Orosia y Palmira vieron reflejados en sus ingresos algunos «servicios marginales», transigieron sumisas, y ella diría que gustosas, con disfrazarse para el señor, e incluso con «meterse en el papel», para decirlo de una manera inocente.

Había que ver cómo se las apañaba Orosia (que aun siendo la más tierna y remilgada de ambas, le tiraba figurarse de varón), para representar, en ropas de canónigo, los amores de Abelardo y la monja Eloísa. Turbaba contemplar la manera como *él* la seducía. Pues, en eso, de bajo la púrpura episcopal, sacaba Abelardo un espléndido muslo a relucir, que Eloísa recorría a punta de lengua, una lengua de un largo así, dispensando el modo de señalar, en inquietante ascensión por la cadera. Eran cosas que la vieja Pelayo denominaba «cuadros a la libre versión», tan libre que fue la misma Eloísa quien llevó a cabo la infame mutilación del infeliz, en simbólico gesto, con un cuchillo de cocina sacado de las bragas, después de mostrar, a sayo alzado, ella también, su bonita pierna por entre los azules escapularios de abadesa de Argenteuil.

El viejo exigía cada vez más novedades, y las celebraba con palmadas de gozo que, sin exagerar, se oían desde el jardín. Doña Pelayo era la mujer más comprensiva del mundo. Pero no accedió a que las muchachas se ataviaran de José y la Virgen María, ¡hasta ahí podíamos llegar!, para una dudosa escena «de Navidad». ¿Ah, no? Don Lisardo la degradó inmediatamente de duquesa a mayorala en el testamento. Rubricarlo una y otra y otra vez en letra de muy retorcidas mayúsculas, constituyó el objeto de la pesadilla que le despertó sobresaltado.

Aún no se había puesto el sol. Desasiéndose de los cables y electrodos que le amarraban las muñecas, alargó la mano hacia la copa de agua de lirios. Estaba seguro de que un sorbo le daría fuerzas tanto para seguir viviendo como para trasponer las lindes de la eternidad.

Tocaron el vidrio tallado sus dedos de muerto, en los que refulgía el topacio rosado y en el topacio sus iniciales cinceladas con todo el meticuloso lujo de rabos y curvas de su rúbrica. Había dispuesto también que, como a los monarcas y sumos sacerdotes, a él le enterraran con su anillo. Le bailaba el topacio en el marchito dedo pulgar, y ya se le hubiera ido dedo abajo la joya, de no haber topado con los nudos óseos de sus falanges artríticas.

En otro tiempo, cuando pasó de los dedos de su prima Griselda a los suyos de niño (el día que ella le besó en el automóvil), el topacio ocupó el dedo pulgar, y más tarde el del corazón, para terminar en el meñique. Pero la larga enfermedad fue empujando la sortija de nuevo hacia el pulgar, el único que, por su grosor, aún podía sostenerla.

Sus manos alzaron la copa. El vidrio tallado, movido por sus dedos, vino a los labios. Pero algo que le entraba por el esófago y la tráquea, que venía de una botella puesta en alto y de una reluciente bombona niquelada, que le iba al estómago y al pulmón, le impedía tragar.

Se sintió mucho mejor después de arrancarse de las entrañas aquellos tubos de goma. Así, el agua de lirios, su mística agua, el agua saludable de aquella flor que simboliza la Creación Universal y que el Arcángel Gabriel lleva por contraseña para que, cuando se aparece a las vírgenes, ellas sepan que es el Arcángel Gabriel, le iluminó la oquedad de las vísceras como la primera salida del Sol sobre la Tierra. Sensaciones como aquélla eran las que, sin duda, habían configurado la personalidad de algún infrecuente rapsoda.

Entonces sí que la garganta pudo gritar a su antojo, y requerir qué sé yo, con voces que trascendieron al último rincón de aquella casa, hasta el punto de que alguna copa se volcó en la mesa de los consejeros. Florián se presentó al instante en la alcoba, para tener que oír los malvados reproches de un malvado enfermo que gritaba que si había por costumbre en estos tiempos que los sirvientes desatendieran la voz de quien les daba de comer, pues ya estaba ronco de pedir que le trajeran su lupa y el estuche con su colección de mariposas.

Atónito dejó a todos el griterío de un moribundo que poco parecía tener de moribundo, si era capaz de exhibir aquellos arrestos de tenor. A escuchar la reprimenda del señor al siervo acudieron el administrador Armijo y aquellos ocho señores enlutados, que aguardaban la muerte del viejo con... ¿sería mucho decir con «impaciencia»? Los ocho consejeros no despegaron la oreja del batiente mientras duró la soflama.

Ni que decir tiene que, después de lo presenciado, no había que pensar por hoy en reorganizaciones de empresa ni en redistribución de dividendos. Lo dicho; que cuando la cosa no está de Dios, ¡ni a tiros! En fin, que hoy no había desenlace.

Conturbado, el administrador despidió a los consejeros con un sentido «otro día será», llenándose la boca de algún pastelito de grosella y unas pocas uvas moscatel arrancadas a un racimo casi mondo, quedado en los manteles.

Al oír las voces, también se marcharon de allí los cocheros con la carroza y los caballos, y lo mismo hicieron los músicos y plañideras, algo contrariados de no celebrar exequias como aquéllas, de las que ya no abundaban, en las que se tañía y se lloraba, ¡de acuerdo!, pero no con el estómago vacío. Quedó, en cambio, un retén de mozos de *El Ángel de Tobías*, con el furgón de los cachivaches de urgencia, por llamarlos de alguna manera (floreros, candelas, sudarios y cosméticos), por si «se volvía la tortilla» (esto con el mayor respeto) y el moribundo decidía «liar el petate».

III. EL ESTUCHE DE LAS MARIPOSAS

Los médicos siempre tuercen el morro cuando se les lleva la contraria. Sobre todo si es el enrevesado curso de la enfermedad el que contradice lo aprendido en los libros.

El doctor Nebrija e Isla había afirmado que don Lisardo estaba lo que se dice muerto, a pesar de que odiaba las aseveraciones categóricas, que nacen de «la estrechez de espíritu», esto dicho para servirse de una expresión profundamente original del duque de La Rochefoucauld. A tal extremo que había dejado firmada el acta de defunción, pues le urgían otras obligaciones y no estaba para perder todo el día frente a la pantallita del electrocardioscopio, como si de una retransmisión de fútbol se tratara, total para ver pararse un corazón.

De modo que había quedado dicho en aquella casa que, cuando el puntito luminoso dejara de brincar en la pantallita, enterraran al muerto y santas pascuas (la vida no es más que un fenómeno de tipo electromagnético), y que, como siempre, cursaría sus honorarios por cuenta bancaria.

Por eso, cuando el administrador Armijo le telefoneó para informarle que el paciente se había arrancado cables y tubos, y doña Pelayo le abrió la puerta explicándole que don Lisardo estaba observando mariposas a sus anchas con la lupa, al médico se le llevaron los demonios. Había dicho que don Lisardo estaba lo que se dice muerto y estaba muerto, si no ¿para qué la Ciencia?

—Eso, ¿para qué la Ciencia? —repitió mecánicamente doña Pelayo, erigida al pronto en introductora, pues el administrador Armijo, empantanado en sus malos humores, dijo eximirse de abandonar su escritorio para salir al encuentro de aquel incompetente. ¡Era lo único que le faltaba por ver en su vida: un médico al que se le levantan los enfermos de la tumba!

El doctor Nebrija e Isla subió las escaleras de dos en dos, ahogado por los enojos. Llevaba treinta años sin errar un diagnóstico, estaba a punto de jubilarse gloriosamente, su nombre iba a pasar a las páginas inmortales de la Enciclopedia Médica y ahora venía aquel don Lisardo a mancharle la hoja de servicios, a arruinarle la biografía.

Doña Pelayo le persiguió escaleras arriba diciéndole que ya le había ella intentado disuadir al enfermo de lo de quitarse cables y tubos, prometiéndole a cambio algo de Scherezade y el califa Rachid, o si lo prefería, algo de Bonnie y el pistolero Clyde. Pero esta vez el señor se había emperrado en lo de mirar mariposas a la lupa.

—¿Qué pistolero ni qué niño muerto? —se alteró aún

más el médico, que ya estaba sin resuello, con un ahogo acrecido por el enfado–. ¡Si en esta casa se desea prescindir de mis servicios, tengo derecho a que me lo hagan saber de una manera coherente, humanitaria, sin que intenten volverme loco!

El hierático Florián le franqueó la puerta de la alcoba con indiferencia, sólo que, a su paso, se llevó la mano despectivamente al bulto de los genitales, en un gesto más que feo. No podía remediarlo. Odiaba a todo el mundo. Eran los sentimientos de un pecho altivo encerrado en una librea servil.

–¡No puede ser! –fue lo primero que dijo Nebrija e Isla al ver al anciano arrellanado en almohadones, contemplando mariposas. De cualquier manera, si la enfermedad había decidido saltarse las normas de los libros, no iba a clavarle al viejo una estaca en el corazón.

Don Lisardo no levantó la cabeza ante la presencia del doctor. Se hallaba muy ocupado en rememorar el beso de Griselda. Aquel momento aún lo conservaba en el ala de una mariposa. Dicho así, sonaba extraño, pero don Lisardo pensaba que la vida de cada uno está pintada en algún lugar. Los augures troyanos la veían en los hígados de un gallo, y las brujas de Barbastro en los posos de la orina. Por su parte, don Lisardo la guardaba en las alas de sus mariposas. No era una colección meritoria, de ejemplares difíciles, pero sus alas eran como las páginas de un álbum de recuerdos.

No había más que arrimar la lupa al dibujo de las transparentes alas de la pálida mariposa de la col, por ejemplo, para hallar en ella el perfil del casón donde nació. Y acercando un poco más la lupa, podía distinguir la veleta, que era un caballito de mar, y las gárgolas de la torre, y la marquesina de la puerta de entrada, donde le aguardaba su madre para colmarle de besos y hacerle repetir lo aprendido en el paseo con la nurse Sirena.

Su madre estaba ahí, apenas perfilada en las alas de una Náyade azul, de las que viven entre el tomillo. Mucha atención había que prestar, y fijar bien la vista en la retícula casi imperceptible que se desdibujaba en el extremo de sus alas, para verla en un sillón de caoba puesto en lo alto de los cinco escalones de acceso a la casa. Tenía el aura gloriosa de una Madonna en hornacina o una Cibeles que aguarda el regreso del pequeño Júpiter, entregado a los cuidados de la ninfa Melisa.

Su madre tenía muchas túnicas de color celeste, o quizás era la misma, prendida de diferente manera al hombro o al talle. Recordó aquel atardecer en que ella se adornó la frente con una diademita de perlas enlazada en los rodetes del cabello recogido en las sienes, que le tapaban las orejas. Dirigía el rostro hacia la claridad del ocaso, tal vez en busca de la brisa del mar, tal vez de la última luz de un crepúsculo cruzado de nubes color naranja, huidas del incendio del confín por lo alto de la gran curva que cerraba la bóveda del cielo. Sus ojos, en contraste con el fulgor en retirada, se iluminaban de una claridad interior. Estaba inmóvil, con el medio perfil aquietado sobre el hombro desnudo, como imaginada por un renacentista.

Al verle llegar, su madre le tendió los brazos delgados y sin peso. Tomaba el pequeño cuerpo estremecido e ingrávido y, elevándolo en el aire, lo recostaba contra su pecho, la cara del niño sobre su cuello acaso excesivamente descarnado, con algunas pecas en la curva del hombro, que aún recordaba el viejo. Él rastreaba entonces con deleite, metido de hocicos en los vellos inmateriales de su nuca, el remoto aroma de almizcle rebajado con alguna esencia de esquenanto.

El beso de Griselda, sin embargo, era otra cosa. Había que verlo a contraluz. Lo daba el reflejo nacarado, sobre tintas verdinegras, de las alas de una gran Pandora.

El doctor se inclinó sobre el lecho mortuorio para increpar:

–¿A qué se debe esta nueva actitud?

–¡Hum! –musitó extasiado el viejo, sin apartar los ojos de la lupa– ...el beso de Griselda.

Nebrija e Isla no hizo por entender la respuesta del enfermo. Dio media vuelta y se dispuso a salir. Si no quería volverse loco, necesitaba alejarse inmediatamente de aquella casa.

Por odiar, el mayordomo odiaba más al doctor que a su dueño, y en el doctor, más al hombre práctico que al engreído. Estaba seguro de que para Nebrija e Isla, un beso no era más que un intercambio de bacterias.

–Como mi prima Griselda no se apresure –se oyó la voz del enfermo– llegará tarde a mis exequias.

El médico se detuvo en la puerta de la alcoba, al oír unos desapacibles sonidos procedentes del jardín, que no acertó a calificar. Para definirlos, había dos o tres adjetivos parcialmente aplicables: Podría decirse, ponía por caso, que eran turbios o ríspidos, pero el horrísono conjunto escapaba a todo apelativo, por la sencilla razón de que el oído humano jamás había escuchado sonoridades parecidas.

–¿Y esto qué significa?

–Simplemente que es martes –repuso escuetamente Florián, sin explicarle que aquel ruido lo producía Miqueas, el hijo del jardinero, que tenía por malhadada costumbre encaramarse al templete de la pérgola para emplear boca, manos y pies en tocar a un tiempo la armónica, la guitarra y una batería de timbales y platillos

activados por resortes y palancas de su propia inven-
ción–. Mala sombra la de la música de hoy, que no ha
de dejarse escuchar sino por cables y amplificadores,
–prosiguió el mayordomo, sin más explicaciones, cerrando las ventanas–. Ésta no es música de solaz, como
la de antes, sino de inquietud y excitación.

–Todo es lo mismo –murmuró doña Pelayo, desde
un rincón–. Lo que pasa es que cada uno tiene su manera de matar pulgas.

Pero era que Miqueas no sabía respetar. Aquel ato-
londrado carecía del menor sentido de la gratitud debida a un moribundo que no sólo le daba de comer,
sino que le costeaba, desde hacía más años de la cuenta,
unos estudios primarios que nunca dejaban de ser primarios, pues se eternizaban en el tiempo (el zoquete de
él iba a incorporarse a filas y aún no había abierto la tabla de logaritmos), a causa de su poca aplicación a los
libros.

De pronto, sin venir a cuento, mayordomo y gobernanta se hallaban enzarzados en una oscura conversación en la que las culpas del «ruido» se echaban a don
Lisardo, que asignó los martes para que «aquel tarugo
(esto dicho por Florián), pudiera desarrollar sus dotes
musicales».

Sin comprender una sola palabra de la jerigonza de
los fámulos, el médico salió al pasillo casi corriendo.
Florián juzgó que, gustara o no al doctor, don Lisardo
mejoraba a ojos vistas. No había más que verle entusias-
marse con las mariposas. Y en cuanto a lo de los amores locos, con decir que ya le había oído hablar, en sueños, de Abelardo y Eloísa, se decía todo. Y hasta la
mosca había desaparecido, la mosca verde que rondaba
el ámbito funerario, la mosca de mal agüero posada en
pared principal, que se adentra por unas fosas nasales

que ya no respiran, para asegurarse una descendencia de larvas alimentadas de muertos.

Pero Nebrija e Isla, incumpliendo su juramento hipocrático, no parecía alegrarse de la mejoría del enfermo, de que los recursos de la mente hubieran vencido al mal; y no lo parecía porque, en realidad, el verdadero mal era vivir cuando se debe estar muerto, en opinión del doctor.

Florián repuso que, muchas veces, el deseo, las ilusiones, el amor, han prolongado la vida de los hombres. Nebrija e Isla ladeó la sonrisa, para responder que odiaba las definiciones pero que, sirviéndose de una expresión profundamente original del duque de La Rochefoucauld, las ilusiones sólo eran una «agradable aberración de la esperanza».

–En cuanto al amor –agregó condescendiente–, el amor, amigo mío, sólo es una reacción química.

De cualquier modo, lo que fuera el amor poco hacía al caso. (El doctor hablaba caminando.) En este mundo, nada escapa a una valoración convencional. (El doctor estiraba el cuello para atacarse el nudo de la corbata.) No sólo el amor obedecía a leyes relativas. (Inició el descenso de la escalinata). Incluso el tiempo y el espacio no existían fuera de la quimérica mente humana. (Se paró en el vestíbulo). Y no hablemos del sentido del honor o del valor real del dinero. Y aprovechó la ocasión para recordar al mayordomo que, aunque odiaba hablar de dinero, que era el «excremento del diablo», por decirlo con una expresión profundamente original del duque de La Rochefoucauld, cursaría sus honorarios, como siempre, por cuenta bancaria.

IV. TIEMPOS MEJORES

Lo que no se imaginaba el doctor era que, apenas cerrada la puerta cancela tras sus espaldas, don Lisardo pidió su silla de ruedas, pues había decidido, así, por las buenas, abandonar el lecho. Le había dado por ahí.

En aquella casa, era el chófer Gastón quien siempre había tomado como suya la tarea de empujar la silla de su señor, quizá por lo que de vehículo de ruedas tenía el artefacto. El hombre (que en el testamento había ascendido a Gran Maestre de la Orden de Automedonte), tuvo que apresurarse a desempolvar y devolver el brillo a la silla de ruedas, después de desempolvarse y pulirse a sí mismo, pues hacía casi dos años que se hallaba arrumbado en el garaje, junto al viejo Bentley.

Volvió a engomarse el cabello y a meter las tijeras en

el bigote, como en los tiempos de mejor ver, cuando subía al trapecio. También se hizo las uñas y se depiló las cejas, y retrajo el vientre para encajarlo en los empaques del uniforme. Ahora los fieltros le apretaban la cintura, por culpa de las muchas pintas de cerveza escanciadas en lo que iba de resolver crucigramas a levantar naipes en solitario.

Sin embargo, aún no había perdido, ¡ni mucho menos!, el porte de sus músculos, tan admirados en un Circo Americano de otros tiempos, donde su nombre se anunciaba en letras de neón con los Diablos Azules, los únicos en el mundo que daban el triple mortal sin salvaguarda de red. Mirándose al espejo, todavía le titilaban las mejillas de lentejuelas, y los rabos de los ojos le angelizaban la mirada, con una luminosidad apoteósica, no poco debida al rímel y al reflejo, en las pupilas, de su capa celeste de lamé. Y era de ver cómo, aún hoy, alzaba a su señor sin esfuerzo, para ponerlo en la silla de ruedas, y a señor y silla juntos, para bajarlos en volandas al jardín.

Pero don Lisardo no se dejaba llevar como un pelele. Súbitamente enojado, o fingiendo que lo estaba, denostaba al chófer que le asistía. El viejo hacía por figurarse que era un hombre adulado, no realmente impedido, y protestaba de que a los señores todo se les volviera halagos de los bribones, diciendo que a ver si le dejaban manejarse a su gusto de una puñetera vez.

Entonces, el chófer Gastón, simulando que se retiraba, se escondía detrás de un macizo y asomaba la cabeza entre las lilas. El hombre manejaba de ciencia propia una de esas virtudes de criado, sabiendo no hacerse presente sino cuando se le necesitaba.

El quejido opaco de los goznes y acodos de la vieja silla, sumado al de la grava bajo el peso de las ruedas, se

oyó por un instante en el sideral silencio del jardín.
Pero pronto el inválido volvió a sus voces, para que
«alguien» le diera un empujoncito cuesta arriba o le
sacara de algún lugar anegado a causa de la mucha
agua vertida por el aspersor en algún descuido del jardinero.

Y allí acudía de nuevo el solícito Gastón, en ayuda
de su dueño, con un trotecillo muy bandeado de caderas y una ceñuda reconvención, para sus adentros, que
mal casaba con la sonrisa contenida de sus labios.

–¡Qué hombre! Cualquier liana le hace creerse
Tarzán.

El viejo se enfurruñaba a continuación, protestando que su inmovilidad era culpa del maleficio de
los médicos, que ponían nombres a enfermedades desconocidas, para hacerlas existir; nombrarlas, ya era
propagarlas. El origen de su mal, sin ir más lejos, estaba en cierta lección que el doctor Jean-Baptiste Oc-
tave Landry (e hizo los cuernos con los dedos), dictó
en la Sorbona, anunciando al mundo una nueva enfermedad, venida a llamarse pomposamente «paraplejía
amiotrófica».

Pero él no había sido siempre un lisiado. Ni mucho
menos. Y rememoraba en tono alzado, para que lo es-
cuchara quien quisiera, los tiempos en que fue ducho
en el arte de la equitación, comenzada a aprender de
niño, en un caballito de madera que botaba sobre
muelles, y más que ducho todavía en manejar el sable
y el florete. Aún se veían por los cajones de los armarios fotografías y medallas, y alguna copa (no muy
grande, pero copa al fin), en la vitrina del chinero. Y
también habían de saber todos que hoy bajaba al jardín en bata, pero que aún faltaba el rabo por desollar,
pues mañana lo haría vestido de calle, para que cono-

cieran todos el temple de un fabricante de aceros. Así se lo advirtió a Florián, a doña Pelayo, a Gastón, al jardinero y a la estatuilla de Afrodita con guadaña que era un reloj de sol.

Para afrontar las obstinadas bravuconerías de un anciano, siempre existe el manso ascendiente de una esposa o la autoridad de un hijo que con severas palabras le haga entrar en razón. Pero no era éste el caso del viejo. Don Lisardo no tenía esposa, ni la tuvo jamás, ni descendencia (si es que alguna vez yació con mujer), ni parentela investida de autoridad para eximir a los criados del cumplimiento de unas descabelladas órdenes.

Florián se echaba las manos a la cabeza. El viejo era peor que un niño, en lo de inventar travesuras. ¿Esto provenía de una regresión senil a la primera infancia o de que la prolongada enfermedad le había alterado el juicio? ¡Ni idea! Lo cierto era que don Lisardo siempre fue una criatura consentida, con manías de hijo único y caprichos de niño rico. Pero ¡allá cuidados! Si el señor quería abandonar el lecho, vestirse de calle o saltar a la comba, al mayordomo ¿qué? Cada uno a lo suyo, y lo de un criado es, como se sabe, agachar las orejas y, cuando cupiese, alzar a su gusto la pata trasera.

Don Lisardo no paró de hablar en toda la tarde, y hasta se hizo leer por Gastón, antes de dormir, algún periódico del día, mandado abrir, como otras veces, por las páginas de esquelas, necrologías, desastres y acontecimientos funestos. No era que le confortara el mal ajeno. Sólo que, como Aristóteles ante una tragedia de teatro, el viejo se sentía algo mejor, salvando las distancias, cuando se enteraba de que alguien más joven que él había muerto.

Y pidió a Gastón que volviera sobre lo leído acerca de un accidente de carretera en el que pereció un niño, no-

ticia que, tal vez por venir en letra menuda, entre la ca-
tástrofe ferroviaria y el fallecimiento de un torero, a
poco le pasa por alto.

–Pues nada –dijo Gastón–, que ayer un niño y su chófer se estrellaron en un automóvil. –Y ante la mirada del
amo, prendida de la lámpara del techo, añadió–: No es
de extrañar. En días de comienzo de curso, muchos co-
legiales emprenden viaje.

–Me tranquiliza saberlo.

–¿Lo del comienzo de curso?

–No, lo del niño muerto.

–Me congratulo con el señor –fue lo único que Gastón se atrevió a pronunciar, doblando los papeles.

–Lamentable suceso, la desaparición de un niño
–murmuró don Lisardo–. Pero, contra lo que se cree, no
es la muerte de los más viejos que uno, lo que le tranquiliza a un viejo como yo, sino la de los más jóvenes.

A Gastón, el gran silencio en el que se sumió el amo,
le obligó a preguntar por qué. Y a través de unos retorci-
dos circunloquios, que al chófer más le parecieron deva-
neos de afebrado que raciocinios de hombre en sus ca-
bales, don Lisardo se empantanó en la idea de que un
niño podía ser más viejo que un viejo de verdad, pues se
es realmente viejo no por lo que se ha vivido, por lo que
de la vida se ha dejado atrás, sino por lo que a uno le resta
aún por vivir.

–Más joven es un anciano que va a morir mañana,
que un niño al que sólo le queda un instante de vida
–dijo, dándose media vuelta para conciliar el sueño, y
agregó en un murmullo–: Y muy atrasado debe andar
ese periódico, pues el curso escolar ya está terminando.

V. VOLVER A CASA

Al día siguiente, no contento con hacerse vestir un liviano traje de lino, que aunque le colgaba de los hombros le devolvía a mejores primaveras, don Lisardo se puso en el ojal uno de esos narcisos blancos que atraen el amor de las vírgenes, de creer a Paracelso. Admirados les tenía a todos con sus veleidades de muchacho, adornado con una flor destinada a su tumba y en atuendo de verano en una incipiente primavera sobre la que, intempestivamente, se habían cernido unos fríos impropios de la estación.

–Como para vestirse linos está el tiempo –refunfuñó doña Pelayo al verle bajar al jardín en brazos de Gastón. Y el viejo se avino a que le echaran por las piernas la manta que le tendía la mujer.

Si llega mi prima Griselda, que pase directamente al saloncito de baile —dejó encomendado a Florián.

—¡Y dale! —taconeó el suelo el sirviente.

Empujado por su chófer, don Lisardo se dejó mover plácidamente en su silla de ruedas, aquella mañana de cielo incierto, a lo largo de los senderos pensados por el tiralíneas, entre los parterres y laberintos del jardín. Perdido y desplazado en el espacio, deslizó la memoria en busca de Sirena, la nurse de su infancia.

Sirena le mostró las primeras flores de su vida: el alhelí, la caléndula..., un canto de perfumes, un fulgor soñado de los comienzos del mundo. Sirena, la diosa de blanca cofia almidonada y dedos de cristal, ponía en las manos del niño un frágil manojito de verónicas, para enseñarle a decir verónicas y a distinguirlas al olfato de otras florecitas azulinas, tiernamente denominadas nomeolvides.

Luego se sentaban bajo el palomar pintado de azul, por cuyos postes trepaban los rosales, y la nurse Sirena extendía sobre su regazo unos caracolitos traídos de la playa, para enseñarle a distinguir murícidos de olívidos por el rizo del caparazón, con la misma amorosa parsimonia con la que, más tarde, su preceptora Cintia le enseñaría a diferenciar palomas de pichones, soplándoles debajo de la cola, para ver la diferente manera de abrírseles el plumón del culito.

El sonriente niño volvió la cara, desde alguna parte del jardín, para mirarle con una sonrisa que no era tal sonrisa. Y a don Lisardo le sacó entonces de su transparente meditación una ráfaga de viento helado. Huésped de su propio cuerpo, a veces le acometía la singular impresión de ser mirado por un personaje extraído de sí mismo, alguien mucho más joven, que le observaba desde un extremo de la alcoba o un umbráculo del jardín, incluso desde el otro lado de la verja, un niño acaso, quedado tan atrás que le parecía inscrito en una existencia anterior.

Don Lisardo ordenó a Gastón que le devolviera a la cama. Y aquella noche, se inclinó apaciblemente sobre los tintes verdinegros de una gran Pandora, para contemplar, en el reflejo nacarado de sus alas, la figura de una mujer con la cabeza inclinada sobre el vientre de un muchacho. Y estuvo contemplándolos hasta que sonó el despertador. Don Lisardo dejó caer la lupa. Era la hora de dormir.

Hay que sentirlo para creerlo. Algunos días, de madrugada, los fuelles del alma comienzan a exhalar ese aliento inexorable que nos impele a perseguir los apetitos del pensamiento, llevados por un hilo misterioso que tira de nuestra nariz. El viejo necesitaba volver a ver la veleta de su casa, que era un caballito de mar, y la mar misma, tan distante de este Madrid putrefacto. No deseaba morir sin avizorar de nuevo barcos, desde la torre, y pisar el tramo de jardín que iba del palomar al portón donde le aguardaba su madre a la vuelta del paseo.

Por paradoja, a don Lisardo le resultaba muy cercana la remota existencia de su primera infancia en la memoria, ahora que la muerte estaba allí, compartiendo su camisa, por así decir; y allí también, al alcance de su mano, el casón de piedra oscura, con escudo de armas al dintel y techos empizarrados a dos aguas; y allí también la torre, que dejaba de asemejar al casón a un castillo, en la medida en que lo aproximaban a una catedral las cuatro gárgolas esquineras, gárgolas de verdad, traídas de algún derrumbe gótico por los arquitectos. Una era un horroroso diablo cornudo, de ojos saltones, medio batracio medio reptil; otra la cabeza de un bufón tocado con caperuza de cascabeles; la tercera la faz de un angelote, al que le había crecido una inverosímil barba de verdín; y la cuarta, el orondo trasero de alguien con un caño de desagüe sacado por ahí detrás.

Y allá debían estar todavía, en la casa natal, pues allá quedaron, el retrato de Franz Schubert, con su sotabarba de gallipavo, alzada por una enorme corbata de crespón, y su mirada siempre sesgada, perdida a través de sus diminutos lentes de miope; y el bonito libro de Gulliver, que desplegaba y componía gigantes y enanos de papel, que se enderezaban al abrir sus páginas; y, allá también, el mechón rizado de cabello que su madre le cortó para apresar su angelical infancia entre las lunillas de un relicario en forma de corazón, que antes tuvo sangre de mártir romano, y, antes aún, alguna leche de la Virgen María.

El primero en conocer su determinación de regresar a la casa natal fue el mayordomo. Difícil saber los verdaderos motivos por los que el viejo deseaba volver a aquel lugar.

—Está escrito —respondía, alzando el dedo como un profeta. Al parecer, como a los profetas, una mano invisible le empujaba. Y no le sacaban de ahí.

Loco debía de haberse vuelto don Lisardo, para ocurrírsele empresa que podía calificarse, en el mejor de los casos, de disparatada. No satisfecho con desatender las más sencillas normas de convalecencia de una grave enfermedad que ayer mismo le tenía con el alma entre los dientes, quería el viejo desafiar ahora las incomodidades de un periplo hacia lugares de montaña, con lluvias, humedades y cierzos inhóspitos, poco aconsejables incluso para gentes de salud no quebrantada.

Ni paraba ahí la cosa. Porque lo que realmente causaba admiración, casi enfado, era la flaca memoria del enfermo. Hacía muchos años que la evocada mansión familiar había sido derruida, y en aquel lugar habían levantado nada menos que una de esas centrales nucleares que afantasman las comarcas, con temores de devastación radiactiva. Por lo que ya me dirá usted (y aquí ponía los brazos en jarras el bueno de Florián), qué podía quedar allá de Gulliveres ni mechoncitos de pelo. Así intentó hacérselo entender a don Lisardo.

–A palabras necias, oídos sordos –sentenció el viejo y pidió que le trajeran su dentadura, pues había decidido dar de lado a los zumos y purés de su fúnebre dieta, para acceder a una colación como Dios manda. Así que ya podía ir trayéndole Florián un desayuno de huevos y tostadas, «pues con pan y companaje se hace el viaje».

Aquí el mayordomo, que siempre tenía dificultades en rebatir las frases hechas, creyó del caso limitarse a suspirar. Y con el desayuno y la dentadura del señor en bandeja, pasó de las cocinas al dormitorio, mascullando palabras que nadie (ni doncellas, ni gobernanta), querían escuchar:

–¡Qué cabeza la de este don Lisardo! –Y el mayordomo se palmeaba la suya, con muecas indulgentes, burlándose de la poca memoria del anciano–. Pero si él mismo se las arregló para que la Compañía Hidroeléctrica, en compensación por la mansión demolida y la finca expropiada, le otorgase el abastecimiento de suministros de aleaciones de circonio para la Central Nuclear.

Incluso el saloncito de baile, que era una réplica exacta del de *allá*, estaba amueblado con las sillas, consolas, arañas y cornucopias traídas de la casa natal, junto con la vajilla, los tapices y el descomunal piano de cola, de tapas siempre levantadas y partitura abierta en el atril, aguardando, desde hacía muchos años, la hora de sonar. En fin, que daba pena ver a don Lisardo siempre

prendido de lo que por evocar quedaba de su remota infancia.

En cambio, no había de ser precisamente doña Pelayo ¡quiá!, la que le llevara ni en un ápice la contraria a
un viejo cuyos accesos de cólera, todos sabían bien
cuándo llegaban, como los eclipses. Ya podía ir diciendo Florián en voz alta, por toda la casa, cansando in-
tencionadamente el tono de voz, que aquel estrafalario
viaje «no conducía a ninguna parte», que ella, por su
cuenta, más que comprensiva, de alguna manera con-
descendía con el viejo, repitiendo en voz baja:

—¡Mira tú! ¡Ningún viaje conduce a parte alguna!

VI.   LUCES EN EL SALÓN DE BAILE

Los preparativos no gozaron de toda la meticulosidad que convenía a un largo viaje, a causa de las premuras de don Lisardo. Y si la partida se demoró algo más de la cuenta, fue porque la roñosa batería del Bentley se negó a dar corriente, y cuando hubo corriente, fue culpa de la dinamo que no hizo chispa. En resumidas cuentas, que no se puede arrancar un automóvil a la primera, tras dos años de inmovilidad, por muy Bentley que sea. Y había que dar gracias de que las deficiencias no pasaran de ser cosa de cables y magnetos, pues en lo que a la adquisición de piezas de motor tocaba, la factoría de la Bentley Motors Ltd. hacía tiempo que había echado los cerrojos.

Se hizo venir en seguida a un mecánico especializado

en electricidad, que pasó la tarde metido de cabeza bajo los capós, asistido por Gastón, que le ponía en la mano alicates y tenazas con presteza y energía de enfermera de quirófano.

Entretanto, los trajes y camisas de don Lisardo, fueron pasando ordenadamente de los roperos a las maletas, al ritmo de los enojos de la gobernanta, que movió más ágilmente que nunca a las doncellas, mientras el viejo dictaba a Florián una lista de objetos que echar a los baúles: un par de escopetas de caza, un sombrero de jipijapa para la playa, el esmoquin y el frac de las galas, con las condecoraciones al mérito civil, la cruz de Caballero Maltés y algunas insignias de menor entidad, pero que hacían bonito en la solapa; sin olvidar los bastones de golf, la petaca con agua de lirios y el estuche con las mariposas, que lo llevaría en la mano, para deleitar los ocios del viaje.

–El viaje, el viaje... –refunfuñaba sordamente doña Pelayo. A la mujer no le cabía en la cabeza semejante chiquillada de su señor, al menos en días en los que ningún lugar de la península estaba a más de unos minutos de vuelo. Si don Lisardo hubiera pensado en el avión, podía presentarse en Bilbao en un abrir y cerrar de ojos, «ganando en comodidad, y, sobre todo, en tiempo, cosa que usted realmente», iba a decir «aprecia», pero dejó inconclusa la frase, y se felicitó por ello, pues don Lisardo exclamó, con algún enfásis:

–¡Cosa que realmente detesto!

Pues no era la prisa lo que le acuciaba al viejo. Ciertas personas, y don Lisardo se encontraba entre ellas, piensan que el tiempo no está encerrado en clepsidras ni relojes, no, señor, (hacía tiempo que los minuteros habían perdido su autoridad), sino en la mirada. La avidez nos traiciona, acelera el tiempo y, consecuentemente, precipita nuestro fin. La única condición que la diosa Proserpina impuso a Orfeo para rescatar a Eurídice de la negrura del Averno fue que, al salir, no volviera la cabeza para mirar a su amada.

Ésa era su gran prueba, como la de los humanos es no mirar adelante. Desear avanzar deprisa, manejar el tiempo, ansiar poseerlo, es destruirlo. Por eso se lamentaron tigres y ninfas, porque Orfeo no pudo soportar «más tiempo» sin «mirar» a Eurídice, que le seguía. Alargó los brazos hacia ella para asirla, para sacarla del Averno, intentando burlar el último instante por el símbolo de un gesto, que daba una prodigiosa dimensión a lo que era una simple suma de segundos. Pero, ¡ay!, grita el poeta Virgilio, sus dedos sólo palparon sombras. Orfeo y Eurídice, un buen drama de amor para Orosia y Palmira.

Cosa extraña, pero desde que don Lisardo había abandonado el lecho, Orosia y Palmira sólo eran dos modosas muchachas con cara de mosquitas muertas, que por nada del mundo se prestarían a divertir a un viejo, a no ser que fueran bien remuneradas, y ni aun así, ¡qué demonios! Si doña Pelayo pensaba lo contrario estaba muy equivocada.

Al administrador, en cambio, poco le importaba que el viejo se marchase a donde le saliera de las narices. ¡Como si quería no volver más por aquella casa! Lo único que le importaba, como administrador y (¡a qué negarlo!), como cleptómano, era que dejara firmados los talones para subvenir a los gastos de la casa en su ausencia, y que también dejara firmados los poderes para que el consejero delegado y un servidor pudieran seguir sangrándole la hacienda por los siglos de los siglos.

El viejo ni supo lo que firmaba. Últimamente perdía

con demasiada frecuencia la mirada en los techos. Y
aquella tarde, para entretener la demora, ordenó a Florián que prendiera todas las luces de los apliques y lam-
padarios del saloncito de baile. El mayordomo lo hizo,
con una venia subida a la curva de la joroba y una versión cortés de una mirada fulminante enroscada al col-
millo sonriente y un denuesto estrangulado contra el
cielo de la boca, por la extravagancia de un dueño al
que, de buena gana, le hubiera retorcido el cuello allá
mismo.

Don Lisardo se demoró en el vestíbulo, contemplando el virtuoso reloj que marcaba los días de la semana, los meses del año, las fases de la luna, no sé, incluso las horas del día, y sacaba un ángel por una
puertecita a cada paso, para ponerlo a bailar en redondo
al compás del carillón. El viejo advirtió que el reloj llevaba parado casi una semana. Florián se excusó diciendo que, desde el día que el médico anunció el peren-
torio desenlace del señor, no le había dado cuerda por
respeto, pues la sonería del reloj tocaba el *Aleluya* del
maestro Haendel, poco acorde con el carácter luctuoso
del momento.

Don Lisardo dejó al mayordomo dando cuerda de
nuevo al carillón y enfiló el corredor hacia la puerta iluminada, impulsando la silla de ruedas por los asideros
de las llantas. El artefacto rodó silencioso por la alfombra. El viejo se sintió oprimido por aquellas paredes pa-
ralelas, donde sólo existían, como dos nadas, el delante y
el detrás, y eso según de qué lado se mirase, como sucede con el arriba y el abajo de los relojes de arena.

Transpuso con urgencia la puerta del saloncito y, de
pronto, se halló envuelto en el incendio de la plata, que
propagaba el fulgor por los espejos, prendiendo en el vidrio, la caoba y las doradas molduras del plafón del te-

cho, donde una sílfide, por caprichosa inversión de términos, perseguía a un fauno.

Desde que se construyó la casa, el salón siempre estuvo dispuesto, en espera de los invitados, para un baile de nunca empezar. Contempló las baterías de copas sobre las bandejas de plata, las botellas de licor en las credencias con mantelitos recién desdoblados, y las flores, cambiadas cada mañana, en búcaros a tono: azul de Sèvres para las petunias; dorado de Sajonia para las camelias; celeste de Delft para las caléndulas y verde Ming para las siemprevivas.

De pronto sonó el vals al piano y resplandecieron los galones de un capitán de fragata que parecía poner a competir el brillo de los entorchados de su bocamanga con los de la pechera del uniforme de un obeso embajador con tres papadas. Se escuchó cerca el frufrú del espumante organdí de una dama que se alejaba, y las risitas, tras los abanicos, de otras dos, y el cuchicheo del pianista, que apremiaba a quien debía pasarle las hojas de la partitura. En eso, su prima Griselda, en corrillo de hombres de frac, volvió la cara para sonreírle, al tiempo que una ráfaga de viento en las cortinas esfumó a los invitados, en un revuelo de tules, dejando el salón vacío, mientras del garaje llegaban las primeras explosiones del motor, al cabo encendido.

Don Lisardo se apresuró a volver al jardín donde, con un gesticulado «¡uf!» de alivio, recogía Gastón las herramientas, tras consultar el reloj.

No le importaba a don Lisardo que, entre averías y preparativos, se hubiera echado encima la tarde. Sufrirían la incomodidad de los faros en carretera, pernoctarían en cualquier lugar, con tal de no demorar por más tiempo el imperioso impulso de volver a casa.

Gastón tomó en brazos a don Lisardo y lo acomodó

en los blandos cueros de la berlina, arropándole las piernas con una manta. Plegó la silla de ruedas y la depositó en el maletero del automóvil, junto a los baúles.

Florián le puso en el regazo la lupa y el estuche de las mariposas, y le deslizó en el bolsillo la petaca con aquel agua insulsa que al viejo lo traía lelo, y a él atareado lerdamente en arrancar lirios «en no sé qué noches de luna». ¡Como si los males huyeran con una maceración de flores cortadas a la luz de la luna! Y todo porque una bruja le embaucó en un carromato de feria.

A última hora se le ocurrió al viejo llevar también consigo «algunos recuerdos de la infancia». La verdad era que, de aquella época, poco quedaba. Como restos salvados de un insidioso naufragio, don Lisardo guardaba en una caja de cartón (cofre de tesoros incalculables), una peonza con el cordel que la hacía bailar, un puñado de caracolillos marinos y una carta de su madre, que le llegó a las manos después de que la enterraron, como si la hubiera escrito después de muerta.

A don Lisardo todo se le había de consentir. Y como ya estaba lleno el maletero, el chófer tuvo que amontonar en el asiento, junto a la caja de cartón, la campanilla de plata, el reloj despertador, unos prismáticos «de mucho entretenimiento, que acercan lo suyo el paisaje», y un pajarito de cuerda, vestido de plumas de verdad y encerrado en una jaulilla dorada, que hacía toda suerte de trinos y gorjeos, que, aunque nadie lo creyese, lo había hallado en la calle, dentro de una papelera. Y hubiera cargado don Lisardo con más cachivaches si el *Aleluya* del carillón no hubiera anunciado que ya eran las seis de la tarde.

Muy reverencioso, Gastón se inclinaba a cada momento, en muestra de respeto. Don Lisardo le eximió de tanta formalidad con un gesto. Ni era necesario que llevase puesta la gorra de plato en el viaje. Aún recordaba el mal trago que pasó por llevar al volante un chófer en gran atuendo. Eran otros tiempos, debía decirlo: se estaba en guerra, y a poco le matan unos hombres mal afeitados, que le salieron al camino, cerca de Burgos, de los que el viejo afirmaba que eran drogadictos, queriendo decir que eran anarquistas.

De entonces acá habían cambiado mucho las cosas, y hoy en día resultaba de mejor tono no avasallar a los criados, al menos fuera de la casa; dentro era otra cosa, que si uno no se hace servir por gentes de uniforme, ni ellos creen estar para servir, ni uno se cree realmente servido.

Por eso, a despedir a su señor salieron los fámulos alienados y revestidos de sus atributos domésticos, como retablo de santos de altar: Fabián con las llaves de la casa, el jardinero con una flor en la mano (un narciso blanco), para pasarlo por el ojal de la solapa del señor, y doña Pelayo secándose una lágrima con un pañuelito muy bordado, pues presentía que no iba a volver a ver a su dueño.

–Nunca pensé que podía alegrarme tan poco de la ausencia de un viejo malvado –murmuró la mujer, que estaba lo bastante compungida como para usar la palabra «malvado» sin fuerzas para subrayarla.

Gastón se sentó al volante y se peinó con meticulosidad de taxidermista. Al arrancar el automóvil, Orosia y Palmira, harto modosas, enseñadas por la gobernanta, se tomaron el vuelo del vestido, para inclinarse en la postura del saludo de la bailarina, y, desde la pérgola, la estruendosa guitarra eléctrica de Miqueas, no midiendo la oportunidad, entonó por despedida el villancico *Ya se van los pastores*.

El jardinero abrió de par en par la verja, tremoló el

pañuelito bordado de la gobernanta, se alzaron en el aire las manos de las doncellas y, tras una ventana, el administrador Armijo agitó gozoso, en gesto de adiós, el talonario de cheques.

Hubo algo de echarse a la mar, por parte del Bentley, en su cautelosa manera de abandonar el ámbito cerrado y seguro del jardín, al tiempo que, por la puerta trasera, el furgón negro y dorado de *El Ángel de Tobías*, levantaba apresuradamente el vuelo, como avechucho ahuyentado, para irse a otra parte con sus búcaros, ciriales, paños de catafalco y ceras de maquillar muertos.

VII.   LOS GRATOS RECUERDOS

A pesar de que era casi de noche, aún estaban abiertos los comercios, y la gente se agitaba en un luminoso bullicio en torno a los escaparates, como si se hubiera prolongado la plétora de Navidad a lo largo de la primavera. Extraña sensación la de don Lisardo. Pero por fuerza había de parecerle desmesurado el trajín urbano a quien hacía más de dos años que no pisaba la calle. Aunque, bien pensado, aquel sartal de lucecitas de colores que endiademaban la copa de un árbol, era un ornato navideño, sin duda un resto de la Navidad pasada, olvidado de desmontar.

Curiosamente, también el clima se asemejaba, en su tanto, al del invierno recién dejado atrás, si se juzgaba por el atuendo de los transeúntes, en el que se veían demasiados guantes y bufandas, y alguna piel de mucho pelo, que servía para algo más que para embellecer las solapas de un abrigo o las vueltas de un chaquetón. Si a esto se añadía que las escenas callejeras se desdibujaban a través de la fina película del vaho condensado en los cristales del automóvil, resultaba aún más chocante el súbito recrudecimiento del clima.

–Ciudades de fantasía, las de estas tierras llanas –comentó don Lisardo–, donde, al doblar la primera esquina, te cambia la estación por arte de birlibirloque.

El viejo se arrellanó en el asiento, retrepándose con un impulso de los brazos y dejándose embeber por el cuero y el plumón del almohadillado. El interior del automóvil era confortable y lo hubiera sido aún más si los asientos no estuviesen abrumados de trastos. La jaula del pajarito de cuerda se le estaba clavando en las costillas.

Como parecían arreciar los vientos frescos a cada vuelta de esquina, y en previsión de que arreciaran más todavía cuando enfilasen la carretera de Burgos, don Lisardo mandó detenerse a Gastón, para que bajase en la primera taberna a cambiar el agua de lirios de la petaca por algún licor de monjes, que a los monjes se les da muy bien eso de macerar hierbas cordiales. Y ya que había de apearse el chófer, le rogó que arrojase la maldita jaula a una papelera, «para devolver a la basura lo que había sido hallado en ella», haciendo uso de una suerte de justicia bíblica con su algo de eterno retorno y su algo de metempsícosis de los utensilios.

Don Lisardo se quedó un momento solo en el automóvil, centro de su propio universo, como un ídolo en su hornacina, señor del huevo cósmico, con poder para trenzar y destrenzar los acontecimientos. Él tenía sus propias teorías sobre lo que le rodeaba. Al principio se dijo que todo lo existente provenía de una primera palabra, pronunciada por algún Creador. Más tarde alguien propuso una ecuación en la que uno de sus términos, la materia, venía a ser reducible a pura energía. Y partículas subatómicas se habían descubierto últimamente, que negaban las leyes del espacio y del tiempo. Sospecharon los científicos que ése era, precisamente, el género de partículas que propagaba el cerebro en sus afanes. De ahí que el viejo estuviera convencido de que el Universo era fruto de un suntuoso acto volitivo.

Por eso, las figuras estáticas, con algo de distantes deidades de friso menfita y la mirada prendida de la luz roja que no les permitía cruzar la calle; y la muchedumbre de cabritillos que surgían a borbotones de la panza agujereada del voraz lobo que era el tren subterráneo; y el grupo compacto y tiritador de mendigo-con-perro, del que el animal, en su seráfica inconsciencia, aunque famélico a más no poder, era feliz de saberse tener amo, todos ellos aparecieron, por un instante, a los ojos de don Lisardo, como fruto de la pervertida broma de una Voluntad cuyas chanzas se conocían a lo largo de las Edades.

Gastón sacó a su dueño del inasible discurso, entregándole la petaca con el licor de monjes demandado. Y mientras el señor la volcaba en el gaznate, dándole un serio tiento, él echó mano de su cabás de aseo, para volverse a peinar y perfumarse detrás de las orejas con el meñique. Luego devolvió peines, espejos y frascos al cabás y puso en marcha el automóvil.

Un profundo aroma ciertamente agrio, no, más bien dulzón, se difundió en el espacio cerrado, ¿dulzón?, no, agreste, un tanto resinoso, tampoco, entre melifluo y amargo...

−¿Puede saberse qué demonio de perfume es ése? −preguntó el viejo.

−El perfume de Hortensio −repuso Gastón, y añadió, para ser más enigmático todavía−: el perfume del salto mortal.

Pues era que los *Diablos Azules* daban el triple salto en el trapecio con los ojos vendados. Gastón tensó los músculos sobre el volante, recordando el momento en que, cabeza abajo, recibía y sujetaba al muchacho en el vacío. No era sencilla cosa. Había que afincar bien las corvas en el travesaño del trapecio, dejar caer el torso, tender los brazos y, en el último impulso, dar la voz que sincronizaba movimientos. Ustedes, amigos, no sé de qué estarán hechos, pero, pueden creerlo; aguardar con la respiración contenida el contacto de la resina de las manos del volador, era una tortura; amortiguar el primer tirón del compañero recibido por el aire, destensando el propio cuerpo, era un arte; soportar en vilo «el dulce peso», era una gozosa voluptuosidad. Y aquí se le escapó un «Mmmm» de deleite y emoción.

Hortensio dependía de sus manos, como el pez del agua, como el pollito de la gallina. Y cada vez que sus manos sujetaban las de Hortensio en la tiniebla de los ojos vendados, aspiraba aquel perfume, pronto a ser referido a la vida recién salvada, cada tarde, del más joven de los tres *Diablos Azules*.

−Pues yo diría que es uno de esos perfumes de ahora −dijo el viejo−, sacado de algunas secreciones de venado o de castor, que lo tienen para atraer a las hembras por el olfato.

Algo de eso debía de ser, pues aquel perfume enamoró a Gastón, que cada tarde tendía los brazos a Hortensio en lo alto del trapecio (y tras los brazos iban las redes del afecto, los garfios del furor), como quien le sale a recibir a la puerta del hogar. Hasta que un día el muchacho no llegó. Se tocaron las puntas de sus dedos y luego sobrevino el aterrado griterío de toda la carpa, que lo vio estrellarse contra el suelo.

El espejo retrovisor alzado sobre su frente, proclamó el pesar de sus ojos. La vaguedad de su mirada medía ahora, cruelmente, la distancia que le separaba de la más bella de las realidades.

–Mala suerte –dijo don Lisardo–. ¿Pero para qué excitar con perfumes los malos recuerdos?

En lo que a él tocaba, prefería seleccionar conscientemente su pasado. En las hermosas alas de sus mariposas, sólo había lugar para las bonitas remembranzas. Y ahora que hablaba de bonitas remembranzas, el interior del automóvil, (mire usted, no puedo evitarlo), le acercaba la memoria al beso de Griselda.

–Dichoso beso –replicó el chófer–, que siempre tiene al señor arrobado en evocaciones.

–¿Hay algo más hermoso que poner alas a esta flaca carne que mal nos sostiene? –dijo don Lisardo, para dar sentido al gesto de volcarse de nuevo la petaca.

–Claro que no –repuso Gastón–. Pero a veces las alas se quiebran y uno maldice el día que las soñó.

–¡Quién pudiera alentar hazañas como las imaginadas cuando niño!

–¿Y qué es lo que el señor, si puede saberse, imaginaba entonces, que ahora excita su nostalgia?

–Parecerá bobada, pero fingía algunas veces salvar a una mujer de ciertas manos criminales. Antojaba imaginar a mi prima Griselda perseguida por hombres perversos y deformes: patizambos, babeadores, de rostros plagados. Veía las manos convulsas, las uñas rapaces que, tras perseguirla por llanuras calcinadas, al cabo le daban alcance.

—No deben pensarse mucho algunas feas cosas
–opinó Gastón–, pues dicen que luego suceden.

–Bien cierto –repuso el amo, volviendo a empinar la
petaca de licor–. Es como si la tenaz imagen de lo pensado, aun después de que uno muera, sigue perviviendo
en este mundo.

VIII. NUEVOS TRAGOS DE LICOR DE MONJES

Pronto se terminó el cómodo tramo de la autopista, más corto, sin duda, de como don Lisardo lo recordaba. Sería que de noche se miden peor las distancias, a la miope luz de los faros. Al estrecharse la carretera, el automóvil disminuyó la velocidad y don Lisardo se dio a rememorar, bien repantigado en el asiento.

Debía ser verdad aquello leído en algún poema o escuchado en alguna boca de escenario, de que la vida está hecha de la sustancia del pensamiento, pues el salón de baile de su infancia se alzó de pronto frente a él, ocupando justo el cuadrángulo negro de carretera mal iluminada. Un nuevo chisguete de licor de monjes, morosamente gorgoteado, prendió las doce arañas del techo.

Las innumerables lágrimas de vidrio tallado a bisel que las adornaban, estallaron al punto en girándulas de luz iridiscente, fragmentada en todos los colores del espectro, informadas de mutaciones y visos caleidoscópicos.

La mano del recuerdo cayó entonces sobre el piano, reproduciendo un surtidor de notas finas, a lo Schubert, pronto a ser asistida por la otra mano, para convertir el surtidor en arroyo y en cascada. Los invitados ocuparon cada cual su eterno lugar, que don Lisardo conocía bien, de puro haberlos visto así parados, tantas veces, en el abigarrado envés de un ala clara de mariposa Vanesa.

Mirar para el techo de aquel salón, siempre le había provocado un vértigo de luz. Él sabía que las lágrimas de cristal reproducían en sus caras el salón entero en miniatura, con arañas y lágrimas, piano y pianista, camareros ceremoniosos e invitados circunspectos, que a su vez replicaban a la magia de los techos, reflejando en las facetas del diamante de este broche o en las del zafiro de aquel alfiler de corbata, la misma escena multiplicada en brillos hasta la demencia.

La llegada de su prima Griselda fue coreada en todos los tonos. La noticia había ido y venido de dueños a fámulos como un eco pertinaz, que convertían los cuchicheos en trompetadas de heraldo.

Apareció la prima Griselda al volante de un automóvil, como si la diosa Aurora se hubiera avenido a bajar a la Tierra en un pequeño Hispano-Suiza descapotable, color cereza, pero, eso sí, con no se sabe cuántas maletas afianzadas con correas a la parrilla del capó trasero. Una pamela de tul, quitada con brío, liberó sobre sus ojos un sueño de oscuros cabellos rizados.

Casi no tocó Griselda el suelo con los pies para salvar los cinco escalones de acceso a la casa. Parecía que iba a echar a volar en su vestido de gasa que le transparentaba, sin transparentarle, todo el cuerpo.

El pequeño Lisardo se ocultó confuso. Sin saber por qué, sintió que se encendía de orejas. Poco sabía de aquella señora, señora para él la que, por entonces, contaba veinte años. La prima Griselda había sido, hasta ese momento, sólo un nombre, un sonido llevado aquellos días en muchos labios.

–Viene tu prima Griselda y, al faltar en esta casa otro hombre, has de ser con ella muy cortés –le dijo su madre, que conocía la absorta timidez de su hijo.

La prima Griselda venía de paso, pero el pequeño Lisardo vio desplegarse en torno a ella una fantasía de Reina de Saba. Los camareros alquilados para la fiesta organizada en su honor, la siguieron en ringlera hasta la casa, cada uno con una maleta. Salió a recibirla su madre en túnica celeste, y tía Melisenda con un gran quitasol de muselina. Ella también andaba por alguna de las alas de las mariposas de don Lisardo. Era una mujer flaca y prematuramente encorvada, que a la muerte de su hermano había tomado, sobre sus estrechas espaldas de zancuda, la aplastante tarea de mantener a flote la vieja nave de la primitiva Fundición de Aceros Moldeados.

Algo más sobre Griselda, por favor. Don Lisardo, hundido en su asiento, se echó entre pecho y espalda otro lamparazo de licor de monjes, para afrontar el reluciente tocador al que se sentaba Griselda desnuda, con un pincelito en la mano, atenta por partes iguales al espejo y a la repisa con polveras, tenacillas, pomos y lacas, asistida por la camarista Leonela, mientras a ambas las abanicaba una criada reflejada en dos espejos enfrentados entre sí, que multiplicaban su imagen enloquecedoramente, convirtiéndola en criada que abanicaba y era abanicada, a su vez, por criada que abanicaba y era abanicada, hasta el más absurdo de los infinitos.

Leonela, entretanto, aguardaba con un vestido de seda fucsia abierto como una gran flor entre las manos, dispuesto para que a la señorita Griselda le entrara por la cabeza, y la instaba a que se apresurase a terminar con el adobo, pues los invitados ya esperaban en el salón.

—No me atosigues, Leonela —estremeció Griselda los rizos de las sienes de una manera preternatural—. La mujer esperada es más hermosa que la que espera.

Poniéndose en pie, Griselda se enjoyó de arriba abajo, liándose también cadenitas de cintura y de tobillo. Al fin, dejó que Leonela le deslizara por la cabeza la liviana prenda. Como un teloncillo de guiñol, la seda del vestido hurtó la seda de la piel desnuda a la atónita mirada del pequeño, al que no se le ocurrió más que decir un «¡ah!» de embeleso y huir temblorosa y precipitadamente de la puerta a la que estaba entre asomado y escondido.

Su madre lo había buscado por todas partes, sin hallarlo. El chiquillo permaneció oculto hasta el momento de la fiesta, para la que Cintia, su preceptora de entonces, le había puesto un trajecito de terciopelo negro y una camisa de piqué, con un lazo turquesa que se anudaba por debajo del cuello de celuloide. Su estatura de niño le permitió continuar oculto entre los largos vestidos de noche y los faldones de los fraques y las levitas de quienes, dedicados a cumplidos y presentaciones, no reparaban en su presencia.

Sonó el vals y se enlazaron las parejas para emprender una obsesiva rotación de figuras de tiovivo, con un automatismo no poco debido, a los ojos del pequeño Lisardo, a la mano invisible de un ingenioso hacedor de muñecos de cuerda. El salón se había transformado en

una diabólica caja de música, donde a la bella Griselda
se la había condenado a girar eternamente estrechada
por el talle y oprimida contra el abultado vientre de un
mofletudo embajador con la papada comida por los entorchados.

Entre todas aquellas gentes había un muchacho
flaco, de pelo negro engomado y bigote fino, que seguía
los movimientos de Griselda desde el rincón de la cre-
dencia de las bebidas, muy cerca de donde Lisardito se
apostó. El mozo la miraba a través de unos párpados so-
ñadores, tanto más encendidos cuanto mayor era la pali-
dez mortal que le afectaba al rostro. Parte de la bizarría
se la prestaba un traje militar bien cortado, que le empa-
caba el torso, y parte un sable de gala, asido en todo momento por la vaina con guante blanco.

Griselda cambió una larga mirada con el joven militar, alzando la vista por encima de la cabeza del embajador, movimiento que Lisardito registró impasible, como
un perdiguero que está sobre la pista de una codorniz. El
chiquillo supo que el pálido muchacho del bigotito y el
sable era el alférez Montes de Barbanza, porque así le
llamó el bien instruido camarero, al ofrecerse para ser-
virle de beber.

Cuando dejó de sonar el vals, todos sintieron cierto
alivio, o así se lo pareció al pequeño Lisardo. Se oyeron
algunos remisos aplausos para el pianista, y, entre risitas
y murmullos de complacencia, se alzó un revuelo de palomas cautivas, que era el aleteo de los abanicos.

Las mejillas de Griselda, acalorada por el ajetreo al
que el embajador la había sometido, se habían embelle-
cido de un púrpura satinado por el brillo del sudor. Para
liberar de la nuca húmeda los rizos del cabello, sacudió
la cabeza. Entonces fue cuando vio al pequeño Lisardo,
y dejó plantado al embajador para correr hacia él.

Tú eres Lisardito –lo adivinó, estrechándolo contra su cuerpo, que al niño le entró por los cinco sentidos, tomando detenida conciencia de su voz de tórtola (el símil era manido, pero el niño lo pensó de esa manera), de la densidad de los muslos y los senos, y del aroma silvestre de su escote, que dejó el salón de baile como transfigurado durante mucho, muchísimo tiempo.

Y fue el alférez Montes de Barbanza el que se acercó a Griselda con ruido de charoles y metales, para exigirle el vals que la mujer, al parecer, le adeudaba. La tomó por la cintura, pues había comenzado a sonar de nuevo el piano, y se la llevó remolineando en puntas de pies.

Por tenérselas que ver con un militar, Lisardito deseó asir un arma para medirse con el intruso. Mirándole con un odio situado más allá de las palabras, eligió una pistola en su mente y le disparó a la sién, asustándose a sí mismo, pues había oído decir a la nurse Sirena que eligiera bien sus deseos de niño, pues los deseos casi siempre se cumplen. Don Lisardo prorrumpió entonces en un profundo suspiro, y supo que había vislumbrado en otro tiempo el verdadero rostro de la dicha, cuando aún no sabía darle nombre.

Volvió a buscar inspiración en la petaca, con los labios bien apretados contra el gollete. Pero tanta espolada, lejos de devolverle a los luminosos brazos de Griselda, le provocó unas terribles ganas de orinar. Así se lo hizo saber al sirviente, que paró el automóvil y sacó de un estuche acolchado una vacinilla de vidrio en el que estaban grabadas al ácido las iniciales del señor, con toda la abigarrada caligrafía de su rúbrica.

Gastón le abrió la bragueta en un santiamén, con una maestría más que probada y, usando dedos de prestidigitador, le extrajo la uretra para alojarla en el cuello del recipiente. El criado se sobresaltó al tocar un objeto metálico en tal parte. Y cuál no sería su sorpresa al comprobar que, aquella noche, el señor llevaba puesta la sortija no en el dedo pulgar, sino en la cosa.

IX.   EL LÓBULO DE LA OREJA PRECIOSAMENTE PERFORADO

Bien sabido tenía Gastón que sólo recibiría las explicaciones que su amo tuviera a bien darle. Por eso se abstuvo de preguntar y obró como si no se hubiera sorprendido. Aguardó sencillamente a que su señor terminase de orinar, para vaciar las aguas en la cuneta y devolver la vacinilla al estuche. Puso de nuevo el motor en marcha y reanudaron el viaje en silencio por una noche sin luna, arrullados por el opaco runrún del artefacto que oradaba la negrura del paisaje con la espada refulgente de sus faros.

Gastón respetaba los mutismos de su absorto señor en los viajes. Incluso le complacía el abandono de su dueño a su vigilia de criado y a su pericia de conductor.

No iba el barquero Caronte por la laguna Estigia con más señorío sobre la vida, ni el dios Anubis por el Nilo, gobernando la barca de los muertos, que Gastón con sus manos al volante y su amo dormido en la berlina. Pensó entonces que viajar era morir y nacer a cada paso y penetrar los secretos de la muerte y de la vida. Por eso siempre fueron recibidos con avidez los maravillosos relatos de los viajeros que hablaban de monstruos marinos y de sus contactos con gentes extrañas y de portentosas costumbres.

Pero don Lisardo dormía y no dormía. Es decir, llevaba un ojo abierto a los peligros. No era que desconfiase de los reflejos musculares de un trapecista. Todo lo contrario. No hay más que decir que el viejo no admitía jamás al volante de su automóvil alguien que no fuese trapecista o poco menos. Pero estimaba en mucho su vida, como para abandonarla totalmente a las manos de un chófer, por muy trapecista que fuera.

–Si te ronda el sueño, Gastón, no dudes en detenerte –dijo don Lisardo–, pero hazlo en algún lugar de cómodo hospedaje.

Habían entrado en un tramo de carretera más estrecha, peor cuidada, con casuchas que proclamaban la proximidad de alguna población. De pronto, el camino se hizo calle, por la presencia de unos edificios oscuros, sin suelo ni cielo, suspendidos en el vacío. En eso, los faros del automóvil descubrieron un gran letrero que fosforeció por un instante, como iluminado con luz propia.

Parador Don Sancho
a 300 m. ⟶

No hay mejor criado que el que acierta sin preguntar.

Gastón giró decididamente el volante en pos del sentido que indicaba la flecha. El automóvil pisó adoquín, losa y grava, y se puso al pie del puente levadizo de un viejo castillo bien pulido y aderezado para recibir huéspedes.

Gastón se apeó ágilmente del automóvil y empleó el tiempo de un suspiro en entrar y salir del castillo, para comprobar la existencia de habitaciones libres, confortables, contiguas y comunicadas entre sí. El hombre hizo un alarde de destreza en abrir y cerrar capós, y extraer y trasladar baúles y cachivaches. Luego, usando de más reportación, desplegó la silla de ruedas, acomodó en ella a don Lisardo y lo empujó al interior del castillo.

El vestíbulo, en el que abundaban las panoplias y pendones de otros tiempos, estaba iluminado con una profusión de bujías que parecía pensada para cegar a los huéspedes nocturnos. Siguiendo los pasos de un estirado mozo metido en chaleco listado en rojo y negro, que dijo llamarse Poncio, el chófer empujó la silla de su señor por un largo corredor adornado de armaduras con yelmos empenachados y viseras alzadas. Algunos de ellos estaban vacíos, pero a otros se asomaban ojos de maniquí, que a Gastón arrancaron alguna murmurada exclamación de desagrado.

El inquietante corredor les desembocó en una estancia alfombrada y guarnecida de tapices con amorcillos, monstruos, pastoras y unicornios metidos en persecuciones y liviandades. Aquella atmósfera encerrada en sí misma, por maravilloso azar carecía de la propiedad de transmitir los sonidos, como si el que la surcase tuviera la sensación de haberse vuelto sordo de repente. Don Lisardo se sobresaltó. Sólo el leve gemido de las ruedas de su silla devolvía a la realidad el paso de la comitiva por aquellos ámbitos apartados del flujo del tiempo. Por eso, el enano entrevisto en las penumbras, que sonrió a don

Lisardo y desapareció tras las cortinas que ocultaban una puerta, y la mujer barbuda que se cruzó en su camino, y que saludó a los recién llegados con voz de niña, le pareció una fantasía más de los tapices.

No acabaron ahí los portentos. Porque de una manera obcecada, penitencial, al pasar por delante de un espejo, don Lisardo vio reflejada la figura de un gigante de proporciones ajenas a lo real, que tenía cara de haber matado a una mujer. (La expresión de su rostro podía describirse así, de esa fantástica manera.) Sólo le faltaba ver un hombrecito verde, para pensarse que al traspasar aquellas puertas, habían abandonado la realidad. En efecto; por allí pasó el hombrecito verde, en bata, enfrascado en la lectura de un periódico. Bueno; no es que fuera del todo verde. Era entre verde y azul, con algunas pintitas rojas en las mejillas.

—Lugar de pasmo, este hotel adobado a la antigua —fue el único comentario de don Lisardo, abismado en embelesos.

Lo que sí fue real fue la hermosa mujer aparecida por una puerta y desaparecida precipitadamente por otra, en ropas de tenis y con una raqueta bajo el brazo. Puede decirse que fue real porque tropezó con la silla de don Lisardo y se marchó restregándose la rodilla y mascullando algún vocablo demasiado enredado de jotas y erres como para no pensarse que se trataba de una palabrota. De todas formas (se encogió de hombros el viejo), haberla visto tropezar con la silla de ruedas y marcharse restregándose la rodilla y mascullando una palabrota, era tan irreal como soñar que la había visto tropezar con la silla de ruedas y marcharse restregándose la rodilla y mascullando una palabrota.

—Hay una piscina de invierno, unos baños turcos y una cancha de *squash* en el edificio, para uso de nuestros clientes –dijo el camarero Poncio por toda explicación.

Pero don Lisardo no oyó las palabras del camarero. Algo le había enajenado la atención, algo que había entrado en los archivos del recuerdo quizá sin haber sido fiscalizado previamente por la retina. Don Lisardo se estremeció en su silla de ruedas. Todas las cosas tal vez ya hace tiempo que han sucedido, y esto que creemos palpar no es sino la vibración remota de un instante petrificado por la mirada de Medusa. Si bien se mira, hay cosas en cuya existencia uno ha de creer a pesar de ellas mismas. Quieras que no, pensamiento, color, espada, sueño, canto, roca, duda, todo ello no es más que una vibración (diferenciada únicamente por su longitud de onda), y lo que llamamos realidad sólo es una de sus variantes. En pocas palabras. La mujer, al agacharse, había mostrado una oreja sin pendientes, ¡con el lóbulo preciosamente perforado! O tal vez no lo estaba y su memoria lo añadía. En cualquier caso, don Lisardo se esforzó por que su memoria fuera lo más fiel posible a la realidad, o al recuerdo de la realidad, que es lo mismo.

X. EL BESO DE GRISELDA

Gastón manejó a don Lisardo como a un crío de pañales, para desnudarlo y asearlo, antes de meterlo en la cama. El criado le sirvió la cena y se retiró a su aposento, poniéndole a mano la campanilla de plata y, a petición del viejo, la lupa y las mariposas. Por despedida, don Lisardo le ordenó que mandara almidonar los cuellos y puños de las camisas.

Dejado por fin en su lecho, el anciano volvió a evocar la visión de la hermosa mujer magullada por la silla de ruedas. Valía la pena hacer una digresión de pensamientos para remembrar aquel gracioso perfil, el torso esbelto y flexible, inclinado sobre la rodilla, sus manos livianas, una imprecación en los blandos labios y la cascada de oscuros cabellos ensortijados sobre el ceño fruncido, que remedaban el aspaviento de un Ángel Caído. Alguna mariposa habría en el mundo que en sus alas llevase pintada un escena semejante. Cosa sería de buscarla, y prometió hacerlo en cuanto hallara el reposo suficiente bajo los techos de su niñez.

Porque aquellos cabellos derramados sobre la cara, que dejaban al descubierto la nuca enrojecida y la perfección de las pequeñas orejas sin pendientes, los había visto don Lisardo en el gesto y la postura de su prima Griselda. Diáfano, era el adjetivo que podía aplicarse a aquel recuerdo, menos deslustrado cuanto más transcurría el tiempo, como sucede a veces con el relieve de esos fósiles enterrados, que una paciente caricia de lluvias inmemoriales acaba por devolver a la luz.

Su prima Griselda permaneció pocos días en la casa, durante los que el pequeño Lisardo la espió, observándola desde todos los ángulos posibles. Muchas veces la había visto desnudarse. Podía decir que conocía a la perfección cada latido de los globitos de los pechos de su prima y la frialdad de las nalgas vibrantes, y también la dureza de los pálidos pezones, en los que se advertía la estremezón a veces provocada por una simple corriente de aire frío, y a veces por el roce del tejido de una leve ropa; e incluso llegó a imaginar los blandos calores ocultos bajo la áspera crin que le abultaba entre las piernas.

Sin embargo, sólo se sintió realmente atraído por su prima la tarde en que la vio volver del baño con el pelo recogido en la nuca y pudo observar el agujerito que le taladraba la oreja en el lugar donde las mujeres llevan los pendientes. Parece mentira, pero un cuerpo puede hacérsenos deseable por una imperfección de la piel, por la serosidad de un rasguño, por la depresión satinada de una cicatriz, por una mácula cualquiera.

Con el mismo detalle que si la apreciara con una

lupa, al muchacho se le revelaron entonces los pequeños repliegues radiales en torno al declive en forma de
embudo de aquel minúsculo orificio abierto en la pulpa
de la oreja, que la atravesaba de parte a parte. No supo
por qué, pero desde entonces buscó la manera de acercarse a la piel de su prima. La esperó en el recodo de un
pasillo para chocar con ella, y, en el desayuno, desplazó
calculadamente la mano para encontrarse con la de ella
en la bandejita de las tostadas.

Volvió a verla en otras dos ocasiones: una, del brazo
del odioso alférez Montes de Barbanza, la lluviosa mañana en que enterraron a su madre; y otra, dos años después, una tarde que pasó por el casón para discutir de dinero con la tacaña tía Melisenda, que en eso era (debía
decirlo), una urraca.

No esperaba Lisardito que, aquella tarde, su prima se
acercara a él con el cuerpo modelado por el vestido y le
invitara a subir al automóvil para dar un paseo, como no
se esperaba Adán que la fúlgida manzana que Eva le
daba a probar le estuviese vedada.

–Antes de marcharme –le dijo ella– deseo hacerte un
regalo.

El pequeño Lisardo, apenas adolescente, subió al bonito descapotable con una emoción parecida a la que
Cenicienta sintió al montar en la Calabaza. Griselda
lanzó el coche a gran velocidad, haciéndolo trepar por
una intrincada vereda que agujereaba la fronda y que a
Lisardito le transportó a los carruseles de la feria. Bajo el
ramaje, las manchas de sol, deslizadas vertiginosamente
sobre su cara, casi le herían la vista.

En aquellos intervalos deslumbrantes de la luz y la
sombra, vio brillar un anillo en los dedos de su prima,
produciéndole un efecto hipnótico. Nunca había visto el
pequeño Lisardo una vibración de luz parecida.

Y con el anillo, fulguraban las manos, los brazos, los ojos, los labios de Griselda que se dirigían a él para explicarle que en un pueblo de la estepa rusa, llamado Kranslobodsk, cayó un meteorito en el año 1887 (una de esas piedras que vienen de las estrellas), del que los campesinos recogieron varios trozos y, uno de ellos, que fue a parar a San Petersburgo, cayó en manos de «nuestro abuelo Aquilino», que era embajador en la capital de los zares y que descubrió en el pedrusco una especie de grano brillante y rosado, que resultó ser aquel topacio que ella llevaba en el dedo y que Lisardito contemplaba embobado, y más embobado todavía desde que se le reveló su asombrosa procedencia.

Mucho tiempo después, don Lisardo pensó que si alguna vez un guionista de cine se hubiera echado a la espalda la abrumadora tarea de describir con cierta coherencia la conversación de una mujer que saca a pasear en su automóvil a un muchacho, nunca incluiría en su diálogo una frase como la que pronunció Griselda:

—¿Sabes? Silicato de aluminio ha sido hallado en muchos meteoritos, pero nunca topacio verdadero.

Y paró el automóvil, haciéndolo gemir por los neumáticos. Lisardito la miró a los ojos, que destellaban bajo el ramaje, como si ellos participaran en aquel momento de la estructura cristalina de las piedras preciosas.

—El topacio rosado es la piedra de la memoria —le dijo Griselda—. Quien la mira fijamente, ya no puede olvidar a la persona que la lleva, y si la regalas a alguien, nunca dejará de amarte, imaginará tu vida, la reconstruirá en su mente, vivirás por ella.

Lisardito estaba absorto en aquel susurro que brotaba de los labios de su prima como un viento hechizado.

—Y es también la piedra del deseo —prosiguió Griselda–. El que la toca, no puede evitar que se cumplan sus deseos. –Alargó la mano hacia el pequeño Lisardo–. Anda, tócala.

Lisardito acarició la sortija temblando, y temblando alargó su caricia por los dedos de la mano de su prima.

–Si algún día posees un topacio rosado, debes saber elegir bien tus deseos –dijo ella, posando la cabeza en el hombro del chiquillo.

Un ascua le pareció al pequeño Lisardo la mejilla de su prima, que le quemaba el hombro. No supo por qué acarició aquella cabeza, que se ablandó como la cera en sus manos, hasta caer derretida entre sus piernas. ¿Que cómo funciona una mente de mujer? Don Lisardo lo podría describir en tres palabras: nadie lo sabe. Unos dedos de guata le desabrocharon el pantalón y de allá dentro emergió por primera vez la porción de hombre que duerme en los niños y que la mujer introdujo en su boca de una muy acoplada manera, como para dar que pensar que aquel orificio, más que para otras funciones, hubiera sido concebido sólo para ésa.

De repente, a Lisardito le silbó una culebra en los oídos, se le hundieron los riñones en un lodo blando y desconocido, estallándole en los sesos un globo de color ámbar, y no supo si había gritado, creyendo haber gritado, (de cualquier manera, la brisa, girando, se llevó el clamor), cuando comprendió para siempre que la duración de aquel placer vertiginoso y escurridizo, que se le derramó entre los muslos, por fuerza tenía que ser breve, de lo contrario le hubiese matado.

Cuando deshicieron el camino para volver a casa, ya era de noche. Griselda no habló mucho de regreso, pero las pocas palabras que pronunció (todas ellas a expensas de una desvaída reflexión en voz alta, en un monólogo mal hilado, referido a los sentimientos de despedida de quien ama), apenas habían tenido interlocutor, por haber sido dirigidas a un Lisardito medio dormido en la oscuridad.

El muchacho casi no supo más de aquel regreso. Sin quitarse siquera la ropa, se tumbó en la cama para caer dormido al instante.

Desnudándose por la mañana, mientras la camarista Leonela le preparaba el baño, Lisardito recordó vagamente lo sucedido la tarde anterior, hasta el punto de llegar a pensar que la sensación de la boca de su prima, que aún parecía estar entre sus piernas, sólo había sido una de esas fantasías que obedecen a los deseos callados y nunca cumplidos, con los que a veces, aunque medianamente, el sueño nos recompensa. Sólo cuando vio el anillo de Griselda encajado de aquella manera en su cola, supo que la boca de su prima, ayer estuvo ahí.

–¿Y ella? –preguntó a la camarista Leonela.

–¿Quién?

–Mi prima Griselda.

–Se fue temprano –repuso la sirvienta–. Vino a buscarla ese guapo alférez que por ella arrastra el ala.

–¿Y no dejó algún recado para mí?

–Le dio lástima despertarle esta mañana de un sueño tan profundo que parecía otorgado por alguna especial bendición de Dios, y se fue sin decir palabra –dijo Leonela, sin acabar de explicarse cómo cuernos había aparecido en partes semejantes del muchacho un anillo que ella juraría haber visto ayer mismo en los dedos de la señorita Griselda.

XI. VIRTUDES DEL AGUA DE LIRIOS

De puro cansancio, al viejo se le cayó la lupa de las manos, que fue a dar contra el estuche de las mariposas. Se sobresaltó. Metido en recuerdos, a don Lisardo se le había pasado media noche. Y acababa de cantar un gallo cuando se dispuso a descabezar uno de esos livianos sueñecitos de madrugada a los que tan adictos son los viejos.

Ya había traspasado los lindes de la vigilia cuando le despertó el súbito estallido de un cohete. Orientó hacia la ventana la oreja menos sorda y pudo oír un alboroto de chiquillos trasnochadores, o madrugadores, según se mirase, pues aún no había amanecido. Como si aquella explosión fuera la señal convenida para que naciera el día, clarearon los cristales y a la luz se sumaron los alborotos del tambor y la dulzaina.

Don Lisardo tocó la campanilla y apartó el estuche de las mariposas, como rechazando tiempos de atrás, ante la admirable realidad del momento; aunque lo más admirable de todo era que en las alas de aquellas mariposas, entre la trama tenue y el invisible plumón tiznado, aún persistía, por no decir que retornaba, alguna perdida fragancia, cada día más presente, del perfume mixto de flores de algalia y sudor de mujer, que desprendió la nuca de Griselda cuando se inclinó en el automóvil para besarle entre las piernas.

–¿Qué pueblo es éste? –preguntó don Lisardo, cuando vio aparecer a Gastón, que se asomó a la puerta anudándose las borlas del batín.

–Por la distancia andada anoche, alguno de tierras de Sepúlveda.

–¿Y qué festejos los de esta mañana?

–Como todo día de pólvora, los de algún santo patrón –repuso el fámulo.

Y entró el camarero Poncio, después de tocar quedamente en la puerta con los nudillos, seguido de una sirvienta de cofia, que el hombre llamó Lucinda para ordenarle con mucha circunspección, sin un sólo gesto supefluo, que dejara las camisas almidonadas sobre la cómoda y se marchase. Gastón, a su vez, mandó retirarse a Poncio, irrumpiendo en la habitación con una jofaina de agua caliente en una mano, un estuche con utensilios de barbero en la otra, toallas al brazo, paso corto, voces de «¡a afeitar tocan!» y un surtido de parpadeos y ondulaciones que a Poncio le parecieron el colmo de la mariconería.

El estirado Poncio se fue dando un respingo de suficiencia y Gastón revoloteó en torno a su señor, como esos pájaros que construyen su nido brizna a brizna, para jabonarle la cara, asentar los filos, darle untos y fricciones, tijeretearle las vellosidades de nariz y orejas, y aplicarle felpas humeantes alabándole la suave tez.

Al cabo, Gastón entregó a don Lisardo uno de esos espejos cóncavos, agigantadores de lo que reflejan, que el fámulo tenía por costumbre poner delante de su señor, para que apreciase al aumento lo apurado de la rasura.

Sería por la clara luz matutina estallada en los cristales de la ventana, sería por los ecos de la fiesta, que invitaban a rejuvenecer, sería por los ánimos que el viaje de retorno a casa le había infundido, el caso era que demasiado marchito se vio el cutis el señor para su edad.

–¡Pues tenía que haberse visto el pobre ayer! –murmuró Gastón, sabiéndose a salvo de ser entendido por este lado, el de la oreja sorda de su dueño.

–Tú, sin embargo, para peor has cambiado de ayer a hoy –respondió don Lisardo–. Y a la verdad, no te hacía tan irrespetuoso a estas alturas. Creí haberte enseñado a sujetar la lengua. Pero veo que has vuelto a las andadas, como si el breve tiempo de mi postración hubiera sido suficiente para hacerte olvidar lo mucho que, en maneras, aprendiste a mi servicio. Ni un perro abandonado a su suerte se vuelve contra la mano que le dio de comer.

Pálido quedó Gastón de los progresos del oído del amo. Un punto en la boca habría que darse en lo sucesivo, a la hora de murmurar por este lado, el de la oreja sorda de don Lisardo. Y para desagraviar al dueño, nada como decirle (con una cortesía que sonó a muy estudiada), que no venían parejas las razones esgrimidas por el señor para denigrarse a sí mismo. Pues si en lo segundo le asistía a don Lisardo toda la razón, y buena nota de ello tomaría el criado para más adelante, en lo primero no era cierto que el señor anduviese ajado de cutis, como pensaba, si se tenía en cuenta que aquel género de espejos agrandaba las arrugas de la tez.

Con todo, no respondía la tez de hoy a la tez detectada en su memoria, de anteriores consultas al espejo, si bien era verdad que hacía más de un año que no se miraba en aquel artilugio deformante, tan gustado por Gastón para mostrarle su buen tino en lo de manejar la navaja barbera. Asomarse a él era enfrentarse a la más terrible de las realidades. Pues un grano que hacía vello en el trago de la oreja semejaba la gran testa de un insecto refugiado en su escondite, y un repliegue poroso de la mejilla cobraba carácter de fisura mineral, abierta en la cáscara volcánica de un planeta indeseable.

Pero aquella red de surcos y depresiones, iba más allá de ser una mera envoltura corporal, ajena a la actividad del espíritu. Don Lisardo estaba por decir que el deterioro de su cara obedecía a los conflictos y disgregaciones de su personalidad de recién sacado del sueño incipiente, del que aún no había acabado de salir del todo, pues recibía de sí una percepción vaga en el espejo, fluctuante, parecida a la de una imagen desenfocada.

–No ha de amilanarle al señor el destrozo del tiempo en la tez –dijo Gastón, abriendo su estuche de cosméticos–. Si ha de participar don Lisardo en la fiesta que parece viene preparándose detrás de esos cristales –y señaló para la ventana con el mentón, mientras empeñaba las manos en abrir un pote de cremas–, lo hará con todo el honor debido a sus deseos juveniles.

Una primera mano de pomada clarimente, extendida por los sabios dedos de Gastón en esas cosas, devolvió a la piel de don Lisardo cierta estupefacta tersura, y los polvos de arrebol pusieron algún flujo de sangre en el pergamino de sus mejillas. Luego fueron las pinzas las que separaron, una por una, las pestañas pegadas; las tenacillas y tierras de sombrear las que les dieron comba y brillo; la rosada manteca de cacao la que dulcificó la línea fruncida de los labios; y don Lisardo en el espejo vio al fin un rostro luminoso, pulido y sonriente, que le alivió las pesadumbres.

–¡Diablo de hombre! –murmuró satisfecho–. ¡Ha de estar en todo!

Sonaron más cohetes y alguna murga, y Gastón abrió las ventanas. Una ola de bullicio se coló en la habitación. Ahora se habían sumado a los regocijos primeros toda una banda de interpretadores de jotas metidas en ritmos de pasodoble, y los relinchos y patadas de unos caballos que muy bien montados debían estar para que acompasaran las cuatro herraduras al son de los bombos y bombardinos.

Don Lisardo pidió ser puesto en la calle sin más demora. El fámulo desplegó todas sus artes de golondrina para volar de acá para allá y, en un periquete, tener a su amo aseado, fragante y metido en ropas de seda, sin pararse a entender cómo en una noche pudo quedar atrás el invierno, pues la mañana prometía calores de canícula. Y muy previsor, le caló el sombrero de jipijapa al amo, para resguardarle la cabeza de un sol apenas salido y ya por demás estuoso. Y empujó la silla por el puente levadizo, viendo con asombro que allá delante se habían levantado los palos, banderolas, carruseles y tinglados de una regocijante feria que ayer no estaba allí.

Don Lisardo, por su parte, no había olvidado de echarse la petaca de licor de monjes al bosillo. Prometerse un día de asueto improvisado, era lo que más le acrecía los ánimos al hombre, que por puro milagro no cometió la imprudencia de prescindir de la silla y alzarse sobre sus piernas al ver pasar un gran desfile de circo, con sus enanos, monos, payasos, domadores y elefantes.

De cualquier manera, había de enviar al lacayo a que le cambiara el licor de monjes por algún brandy «no muy recio», pues aún se sentía convalecer. Refunfuñó Gastón de veleidades tan intempestivas de su amo, pero entró gustoso en el bullicio, pues se le iban los ojos tras las posturas de los contorsionistas metidos en mallas de lentejuelas. No podía remediarlo. Hay quien nace para clérigo o magistrado. Él llevaba dentro al saltimbanqui.

Se miró los propios músculos, que no poco le abultaban bajo la liviana camisa de flores que aquella mañana le estallaba por los botones del tórax. Y puesto a mirar, se miró también muslos y nalgas, y otras convexidades del pantalón que pedían a gritos un trapecio.

En vano aguardó el señor la vuelta del criado. Probablemente, Gastón había perdido el norte en aquel agitado mar de bulla, capaz de arrastrar a cualquiera, con sus coleadas de cetáceo. Cosa sería, pues, de darse media vuelta y dirigir la silla de ruedas hacia el castillo.

Pero mal podía el lisiado abrirse plaza entre un gentío en el que todo el mundo parecía estar de cuchufleta, pues lo mismo una moza se inclinaba para besarle, que un mocoso se le subía a la silla y, por hacer gracia, le metía un trompetazo en la oreja, que le dejaba más sordo aún de lo que estaba. Gentes zafias las de estos lugares, que no sabían distinguir a la persona bien emparentada.

Tanto le fastidiaron al viejo aquellas familiaridades, que clamó por un garrote para medirle las costillas al primer entrometido. Pero a falta de un bastón de palo, bueno fue hacerse con uno de aquellos bastones de caramelo que se vendían en la fiesta. Rumbo firme, el de la silla de don Lisardo, que avanzaba como un rompehielos, con el bastón de caramelo por delante.

Ganas locas tenía de volver al castillo, hallar al chófer y emprender de nuevo el viaje. Pero alguien le ofreció por el camino una bota bien curada, que don Lisardo empinó con buen arte. Ya era hora de echar algún alcohol al cuerpo, en aquella mañana ingrata.

Después de aquel trago, las cosas se veían de otra manera; mayormente cuando, a la vuelta de una esquina, hacia la que fue empujado por un grupo de danzantes demasiado ebrios para tan tempranas horas, se ofreció a su vista la nave espacial que transportaba, sin transportarte, a las galaxias, o aquella cámara de horrores que vaya usted a saber qué no exhibiría en su interior, como para que se vedase, por cartel, la entrada a los cardíacos; por no hablar de las proezas de un forzudo, anunciadas de viva voz, que no sólo levantaba descomunales pesas, sino que, encima, se las comía, o la magia de aquel prestidigitador que, a la puerta de su barraca, proclamaba las habilidades de un conejillo que hacía desaparecer a un hombre en un sombrero de copa.

Inauditas curiosidades las que se anunciaban en aquel lugar, por las que bien valía echar la mañana a feria. Además, el aroma del azúcar tostada a la canela, de las almendras garrapiñadas, y el de la fritura de las frutas de sartén de una buñolería cercana, le habían puesto, al pronto, de buen humor. Pero mal se ha de apañar para el disfrute el atado a una silla de ruedas. Por lo que, don Lisardo, no sin esfuerzo, intentó incorporarse sobre sus piernas. No era joven, y anquilosado andaba de un tiempo a esta parte. Pero tiempo habría para pudrirse en artefactos de ortopedia; de modo que acabó de ponerse en pie (claro que, ayudado por su bastón de caramelo), mientras la silla de ruedas se iba hacia atrás, ella sola, cuesta abajo, hasta perderse de vista. Se despidió del armatoste que lo esclavizaba, agitando alegremente en el aire su sombrero de jipijapa que, por lo desusado en estos tiempos, parecía un objeto más de los que por broma se llevan en las fiestas, sobre todo, si el que lo exhibe se gasta, además, un rostro algo pintado.

–Esto parece obra del agua de lirios –oyó la voz de una vieja que se asomaba a la ventanita de un carromato de nigromantes–. Jamás había visto alzarse así a un tullido.

–¿Qué agua de lirios? –preguntó don Lisardo.

–La flor del lirio es pródiga en virtudes –replicó la vieja–. Mezclada con manteca rancia, cura la lepra; hervida con miga de pan, revienta abscesos; llevada al cuello, reconlicia a los amantes; y macerada con agua, cura la parálisis y rejuvenece a quien la bebe, si se sabe cortar cuando la luna está en Aries.

De hechiceras y adivinas estaba el mundo lleno; algunas le habían salido al paso en su larga vida, para preconizarle un buen amor o un viaje inesperado. Pero ninguna le supo hablar tan a comodidad de sus deseos como aquélla. Don Lisardo jamás tuvo abscesos, y no digamos lepra, y apenas algún pasajero mal amor de adolescente; pero por no volver a verse en silla de ruedas, tomaría aquella remozadora maceración.

–Lirios cortados con la luna en Aries –repitió la bruja, sacando una lengua muy larga, con ligereza y habilidad de camaleón, para agarrar al vuelo la moneda que don Lisardo echó por el aire. Luego desapareció, cerrando la ventanita de un portazo, sin dejar ningún rastro de humo.

XII.   ¡APARTAD VUESTROS DEDOS DE MI GARGANTA!

Para honrar la fiesta, don Lisardo se ayudó de cuantos atributos jocundos le vinieron a las manos. Pronto se le estrecharían las calles, con un gorro de sultán en la cabeza, (cambiado a un beodo por el jipijapa), y unas barbas a lo San Nicolás, y algunos vinotes y mistelas echados sin cuento entre pecho y espalda. Por supuesto, había dejado a un lado el apoyo del bastón de caramelo para emplear las dos manos en tañer un don-nicanor-tocando-el-tambor que armaba mucho ruido.

Cómo pudo haber llegado la tarde en tan breve lapso de tiempo, era algo de preguntarse, a no ser que se hubieran tenido atrapados los cinco sentidos toda la mañana. En montar caballitos de madera, oír orquesta de autómatas con música de rollos perforados, perseguir a un chancho untado en sebos, que mal se dejaba prender por los más sobrios (cuánto peor por los más bebidos), era algo en lo que a uno se le podía ir la mañana entera, qué digo, la misma vida. Sobre todo cuando por el día se te representan en vivo los monstruos que anoche diste por cosas del sueño. Pues resultó que, en letreros de circo, vio don Lisardo que se anunciaba una niña con barbas y un hombrecito verde que todos podían ver y tocar, único hombre verde de nuestro planeta, tan único que NO ERA DE NUESTRO PLANETA.

Tampoco se esforzó mucho don Lisardo en saber cómo llegó, en noche cerrada, a las puertas de un patio lleno de gente, en el que, a cielo abierto, se descorrieron telones de terciopelo carmesí, para dejar ver un escenario en penumbra. Cesaron los cuchicheos de los asistentes. Don Lisardo, estupefacto de verse al pronto en un improvisado teatro, se quedó parado. Alguien, a sus espaldas, le rogó que se sentase, «pues la carne de burro no es transparente».

La escena representaba un abigarrado dormitorio, con sillas góticas, candeleros con adornos de pámpanos y un lecho con baldaquino de columnillas retorcidas, y una mortecina lámpara de aceite junto al lecho, que iluminaba la erguida figura de un gigante, también entrevisto anoche en espejos de salón, tergiversadores de realidades, pues ponían a dudar, entre la realidad de lo vivido y la realidad de lo ensoñado, cuál engañaba a cuál. Y en el lecho, pálida como las gasas del embozo y del dosel, yacía una mujer inmóvil, con los ojos cerrados, la cara vuelta al cielo y un brazo abandonado, caído, que tocaba el piso. Entró en escena una vieja de ademanes contenidos y muy resuelta de timbres.

–Me ha parecido oír la voz de mi señora, que gritaba

pidiendo socorro –dijo, acercándose al lecho–. ¡Oh, señora, mi dulce señora! ¡Habladme! –Retrocedió con los ojos salidos de la cara–. ¡Está muerta! –Dirigió una inquieta mirada al gigante–. ¿Quién ha podido cometer este horrible crimen?

–¿Quién? –respondió el hombre, volviendo estudiadamente hacia el proscenio las pupilas, que refulgieron como ascuas en la penumbra–. ¿No ves en mis ojos la alegría de la venganza?

–¡Oh, monstruo! –gritó la vieja–. ¿Por qué lo hiciste?

–Era tornadiza como el viento y falsa como el oleaje.

–¡Oh, no! ¡Ella era celestialmente leal! ¡Os amaba! ¡Os amó siempre!

–¡Bajó al infierno abrasador por infiel!

–Estáis engañado, y su muerte la hace a ella más ángel y a vos más demonio.

–¡Calla, bruja, o estas manos causarán en tu garganta el estrago que causaron en la suya!

–Vuestras manos no tienen, para hacerme daño, la mitad de la fuerza que yo para sufrirlo.

–¡Se había dado a la impudicia! ¡Era una ramera!

–¡La calumniáis! ¿Ella infiel? ¡Qué horrenda ceguera en vuestra maldad! ¡Habéis matado a la más tierna inocente que alzó jamás los ojos al cielo!

–¡Era impura! –gritó el gigante–. ¡Aquel hombre la había seducido! ¡Él tenía su pañuelo, el pañuelo que yo le regalé!

–¡Oh, crédulo, tan inconsciente como el barro! –aulló la vieja–. ¡Os daré a conocer vuestra locura aunque perdiera veinte vidas! ¡Os han contado una mentira, una odiosa y nefasta mentira! ¡Infamia, infamia! ¡La sospecho, la olfateo! ¡Oh, estúpido! El pañuelo del que me habláis no se lo entregó ella a aquel hombre, sino yo. Lo encontré por casualidad y se lo entregué, pues me lo pidió con suma insistencia. Ahora veo que aquel maldito lo usó para haceros enloquecer de celos. Pero no fue ella la que se lo entregó. ¡No, ay! ¡Yo lo encontré y se lo di a aquel hombre! ¡Por el cielo, no miento! ¡Ella os amaba! ¡Os amaba! ¡No quiero que mis ojos vean más infamias!

La vieja salió por donde había entrado y el gigante, sumido en un dolor estático, se acercó despacio al lecho, muy despacio, como un ahogado que el mar devuelve a la orilla, demorándose calculadamente el tiempo que los espectadores podían aguantar con la respiración contenida, para caer de bruces y exclamar:

–¡Oh, Dios Todopoderoso! ¿Qué hice? ¡Necio de mí! Ojalá hubiera en este momento un enorme eclipse de Sol y de Luna, y que la atónita Tierra se resquebrajase en este desorden.

El gigante se inclinó sobre la mujer y la besó en los labios repetidas veces, mientras declamaba con timbres pasados de ronquera:

–Si pudiera reparar este mal, si a mis besos les cupiera la virtud de devolveros el calor que mis manos torpemente arrancaron de vuestro tierno cuerpo, si con mi aliento pudiera daros el color de la rosa y con mis labios reanimar la primitiva llama de los vuestros...

Una mosca que hubiera cruzado la escena, habría sonado como un trueno en el mortal silencio del patio, cuando la figura yacente exclamó:

–¿Quién me besa?

El gigante se puso en pie sobresaltado y la mujer volvió hacia él la cadavérica faz, que la hacían cadavérica los polvos de arroz.

–¿Sois Otelo?

–Sí.

La mano inerte de la mujer se alzó, para acariciarse la garganta.

–¡Mi garganta, apartad vuestros dedos de mi garganta! ¡Dejadme que viva unos minutos más, para explicaros que no os ofendí, que nunca amé a otro hombre sino a vos, y que, si vais a matarme ahora, me permitáis al menos recitar una plegaria!

–¿Mataros? ¡No! No quiero verter vuestra sangre, ni desgarrar vuestra piel, más blanca que la nieve y tan pulida como el alabastro de un sepulcro, aunque por un momento creí que el pañuelo que os regalé se lo disteis vos misma a Yago.

–¡No, por mi vida y por mi alma! Enviad a buscar a ese hombre y preguntadle. ¡Yo nunca le di el pañuelo! ¡Haced que venga y que confiese la verdad!

El gigante se arrodilló junto al lecho.

–¡Oh, flor tan graciosamente bella, tan deliciosamente perfumada que los sentidos se embriagan en vos! –gimió– ¡Aun cuando pluguiera al cielo ponerme a prueba del dolor, aun cuando hiciera llover sobre mi cabeza desnuda toda clase de males y de vergüenza, aun cuando me sumergiera en la miseria hasta los labios, aunque me redujese a la cautividad con mis últimas esperanzas, no dudaría de vuestra fidelidad!

El gigante le tomó la mano y el patio se llenó de suspiros y de algún llanto que no pudo ser sofocado en pañuelos.

–Vuestra mano, mi fiel Desdémona, es una mano tierna, una mano franca.

–Podéis decirlo así, es verdad, pues esta mano fue la que os entregó mi corazón –repuso la mujer, ladeando tiernamente la cabeza.

Sus cabellos se desplazaron y, por un instante, quedó al descubierto el lóbulo de su oreja. Don Lisardo se sonrió a sí mismo. Sólo una rapaz de altos vuelos, de esas que advierten desde las nubes el ladino discurrir de la serpiente por lo hondo del valle, lo hubiera percibido. Aquella oreja sin pendientes reveló que, bajo las túnicas de gasa y los polvos cadavéricos, se escondía la mujer de la rodilla magullada.

Por el precipicio de aquel lóbulo taladrado se deslizó don Lisardo en pensamientos. El hombre ya no supo mucho más de las peripecias de la escena: de cómo el tal Yago acabó atravesado por el gigante; de cómo Desdémona, sacudiéndose de las mejillas el jalbegue para dar paso al arrebol, recuperó la risa juvenil; y de cómo la cosa, entre discursos y homenajes, propósitos y parabienes, coplas y batallas de flores, acabó en esponsales de último acto.

Reverdecido por el cúmulo de satisfacciones de la jornada, don Lisardo se fue a dormir caminando despacio, pues le dolían las piernas. Y en su habitación, tiró por el aire las barbas y el gorro de sultán, arrojó en un rincón a don-nicanor-tocando-el-tambor, maltrecho de haber sonado el día entero hasta la extenuación de las manos de su tañedor, y cayó en la cama como un fardo. Pero no logró conciliar el sueño hasta que oyó sonar el despertador.

XIII. EL ACRÓBATA DEL BRAZO EN CABESTRILLO

Pletórico estaba don Lisardo al despertar. Mal iba a dar crédito, pues, al reciente diagnóstico de un padecimiento que los médicos habían calificado de «medular», «progresivo» e «irreversible», y que, de seguir así, «le arrumbaría definitivamente en una silla de ruedas». A pesar de eso, a pesar de lo que usted quiera, a pesar de todos los pesares, tenía arrestos y más que arrestos para combatirlo. Todos creemos poseer, al menos, una virtud capital. La suya era ésta: la obstinación.

Echó los pies fuera de la cama. El primer contacto con el suelo le produjo en las articulaciones de las piernas un dolor parecido al de una mordida de alicates, que le alejó de los buenos recuerdos de la noche pasada.

Anoblado aún por los vapores de unos vinos apenas digeridos y ya olvidados, como si acabara de regresar de donde nunca estuvo, dudó si todas sus juveniles bravatas de ayer no fueron más que fatuas ilusiones de un enfermo quimérico.

Pero no. El ayer fue cierto. Para demostrarlo, aquí estaban las barbas postizas, ahí el gorro de sultán y allá el magullado don-nicanor-tocando-el-tambor de la juerga dejada atrás.

Caminó hacia la ventana. Era la media tarde. Necesitaba un buen baño y ropa limpia. Llamó a Gastón, primero con la campanilla y luego a voces. Después aporreó la puerta medianera, dejando escapar más de un vocablo adusto, al fin irrumpió en la alcoba del subordinado, para comprobar con estupor que estaba vacía. La camarera Lucinda, que oyó los gritos, se presentó al momento para ofrecer al huésped sus servicios con sumisa actitud, lo que no impidió que aquel loco descargara los enfados a punta de pie contra una delicada consola de estilo, que, en opinión de la mujer, ninguna culpa tenía de la deserción de un chófer.

Sin oír más, don Lisardo se echó a la calle con una camisa desabrochada y remetida precipitadamente en la cintura del pantalón. Puesto que aquel lugar, por ser fiestas, estaba lleno de alambristas y saltimbanquis, no le costaría dar con algún muchacho atlético, despierto, de buenos modales y lo bastante ducho en lo de manejar un automóvil como para no estrellar a una persona de condición. Y también que supiera pegar botones, planchar algo para salir de un aprieto y tener mano para afeitar a navaja y dar fomentos con propiedad.

La feria bullía de ensueños. Aún estaba por declinar la tarde y ya se ofrecía, con mucho neón, para función de noche, el espectáculo de un forzudo y de un tragallamas, y el de uno que engullía vidrios y el de otro muy hábil en lo de mudar de aspecto, que lo mismo era un imperioso Hitler en Munich que una Marilyn Monroe de muy pulidas piernas, dejadas ver por obra de algún viento que le alzaba el mucho vuelo de las faldas, por no hablar de aquel atrevido número de «bella y bestia», proclamado en megáfonos, que bastante le hubiera gustado presenciar a don Lisardo, y lo hubiera hecho, de no haber estado tan metido en lo de hallar chófer.

Para chófer de los que a él le gustaban podía servir quizás aquel joven equilibrista que se anunciaba con letras formadas por bombillas. El muchacho, al parecer, era capaz de tomar el té sentado en el respaldo de una silla apoyada sobre una sola pata en un balón que a su vez se apoyaba en el mango de un paraguas con la punta asentada en la arista de un plato, así o algo parecido.

Persona más equilibrada, imposible, pensó don Lisardo. Se lo propuso llanamente al muchacho: le pagaría un buen dinero por hacer de chófer. Pero el mocito le salió con que estaba hasta aquellas partes (y se las señaló), de que le vinieran bujarrones de posición que no sabían apañárselas sin numeritos de capricho.

¿Ofenderse don Lisardo con un equilibrista? ¡No faltaba más! Gente agreste y descarada, la nacida en barracas de feria, que no merecían sino la indiferencia de todo un señor. Por otra parte, de torcidas interpretaciones nadie anda libre. Lo decían los libros de infancia. En cualquier caso, después de aquello, cosa sería de conducirse con pies de plomo, no fuera que, tomando el rábano por las hojas, le colgaran algún feo sambenito.

Le alivió que, allá mismo, un chulo cejijunto, carente de cuello y con quijadas de coleóptero, le ofreciera fornicio con hembras, mostrándole el género en fotos. Se lo agradeció don Lisardo con una sonrisa, pero rehusó

con la cabeza. En el fondo de su alma se enorgullecía de
no haber compartido jamás el lecho. Y ahora, al pen-
sarlo, comprobaba que aquella sensación de arrogancia
se hallaba más cerca de lo amoral que una auténtica per-
versión.

Pero dejando aparte la moral, quizá su negativa daba
de él una imagen equivocada. Él nunca fue un remil-
gado. No era eso. Sin embargo, no iba a entregarse al
abrazo de sifilíticas quien se lo había negado a verdade-
ras doncellas.

–Además –bajó la voz don Lisardo–. ¿Lo hacen con la
boca?

No acabó de entender el rufián la pregunta del peti-
metre, pero contestó:

–Con lo que usted quiera.

Pero aquel turbio ambiente le empezaba a cargar. Y
harto de vagar entre gentuza, se arrimó a unos toldillos
bajo los que se representaba una comedia bucólica, de
las de diálogo rimado entre pastor y pastora, al gusto del
divino Garcilaso. Llegó cuando la pastorcilla decía:

> –*Esta noche va a nevar,*
> *que tiene cerco la luna.*

A lo que el pastor respondió con voz ronca:

> –*Esta noche va a nevar*
> *entre las patas de alguna.*

Estalló un trueno de carcajadas y graznidos, y don Lisardo no quiso oír más. Se fue de allí denigrando, como
en diálogo con un interlocutor invisible, el pésimo gusto
de las gentes topadas aquella tarde. Y ya desesperaba de
hallar un chófer a su medida, cuando le asaltó el re-

cuerdo de la abigarrada comparsa de forzudos y volatineros que ayer mismo anunciaba por las calles la presencia de un gran circo en el lugar. ¿Dónde, sino bajo la carpa, podría encontrar la persona que satisfaciera sus exigencias, digamos sus caprichos, bueno, digamos sus manías?

La función había comenzado. Don Lisardo tomó asiento en las gradas. Y ya se retiraban unos monos cabalgadores de caballos, cuando se anunciaron a viva voz unos *Ángeles* o *Anades* o *Águilas Azules* que a don Lisardo mucho le sonaron a tropa de trapecistas.

En efecto. Bajo un círculo de luz concentrada, aparecieron tres fornidos trapecistas. Para qué contarlo. Con trompetería para saludar, revuelo de edecanes para desprenderse de las capas, ritmo de vals para trepar por las cuerdas hasta los encumbrados aparejos, timbales de efecto para sobrecoger los corazones y gran golpe de platos para culminar los arriesgados ejercicios, los tres trapecistas no dejaron de sonreír con todos los dientes ni un momento, desde lo alto de sus torsos depilados y guarnecidos de unos músculos que para su nuevo chófer los quisiera don Lisardo.

Pero ahora que se fijaba mejor; uno de aquellos atrevidos ícaros en mallas azules, se parecía mucho a Gastón. Por un momento, dudó de la agudeza de su vista. Pero cuando en el silencio previo al ejercicio máximo, se cuajó el espacio de aquel perfume almizclado que enamoró una vez a un trapecista, (¡acabáramos!), don Lisardo supo que quien iba a dar el triple salto mortal allá arriba con los ojos vendados, era el mismísimo Gastón.

Y ya se volvía para irse a cualquier parte donde hallar un chófer vulgar, sin nervio y sin pericia, de los que te estrellan contra el primer árbol del camino, cuando vio aparecer en la pista a una docena de jóvenes acróbatas.

Hombres de goma, aquellos brincadores, ágiles como pulgas, que volaban catapultados por palancas, dando volatines en el aire, para caer de pie sobre los hombros de los que les aguardaban bien afincados en el suelo o trabados en torre humana, entre los que alguno habría que quisiera cambiar la azarosa vida de la carpa por un oficio de regalo.

Corrió a los camarines, después de acabado el número, y se acercó a los saltimbanquis, para ofrecer, a quien supiera manejar un automóvil, cierto trabajo algo sedentario, tal vez, pero cómodo y bien remunerado.

Harto de volatines debía estar el que se ofreció a mudar de empleo, un hombretón algo maduro para acróbata, que andaba por allí con un brazo en cabestrillo, sin duda por algún achaque de su oficio, y que aguardaba a que se le soldara algún hueso para volver, si volvía, a la contorsión y a la cabriola.

–Saldremos mañana temprano –le dijo simplemente el nuevo amo, dándole el número de la habitación del hotel donde paraba. Y también, que si no sabía planchar camisas o hacer la barba, ya lo podía ir aprendiendo.

XIV. EL FELIZ SOPLO DEL DESEO

Braulio, como se llamaba el hombre, tocó tímidamente en la puerta a las seis de la mañana. Don Lisardo saltó de la cama con presteza para franquearle la entrada y ordenarle que fuera bajando al automóvil los valijones y los primeros cachivaches. Tenía cierta prisa por reemprender el viaje y dejar atrás de una vez aquella fiesta vesánica y ramplona.

Por todo ajuar, el nuevo chófer traía un pequeño estuche hexagonal, con la concertina que le procuró alguna fama de gracioso, cuando la tocaba cabeza abajo en el alambre, y una maleta mediana sostenida con el brazo malo, malo ayer, que hoy usaba para manejarse con pesos más que regulares. Muy en serio parecía haberse tomado Braulio su nueva ocupación, pues había venido en improvisado uniforme de conductor de motocicleta, con gafas cerradas, pantalones bombachos, botas de domador y una casaca circense que, desnuda de cordones y caireles, quedaba en casaca sin más. Y al hallar la gorra de plato de Gastón entre los muchos trastos por allá tirados, se la puso también. Le estaba un poco pequeña, pero la llevaba con gusto, que es lo que importa.

Partieron cuando salía un sol nuevo, límpido, recién estrenado aquella mañana sólo para los viajeros, que al primer giro de volante les dio en la cara, hiriéndoles los ojos con una explosión de destellos rotos contra la celosía de las pestañas en cambiantes figuraciones de juguete óptico. Parecían caminar hacia los orígenes del mundo, cuando el firmamento estrenó lumbreras. Y por un momento se sintieron ir como las ciegas polillas, que orientan indefectiblemente hacia la luz el flaco rumbo de su vuelo.

A don Lisardo le alivió sentir que dejaba atrás los seres deformes, los forzudos, los histriones y los trágicos, entrevistos como en visión de delirante. Miró gustoso hacia la realidad de la esplendorosa carretera, que se deslizaba bajo el vehículo, acercando el horizonte. Necesitaba huir.

¿Huir? ¡Imposible! De pronto descubrió que allá enfrente, en la carretera, le aguardaba la oreja perforada. La vio agigantarse en la distancia. Ella le hacía señas con las manos, para que se detuviera.

Hay guiños de la casualidad que la alejan de toda sospecha de indiferencia. Aquél era uno de ellos. No conforme con confundirnos, muchas veces el azar nos escupe a los ojos para cegarnos.

Don Lisardo mandó a Braulio que detuviera el automóvil. La oreja perforada habló, disculpándose por la inusual manera de salirle al paso, pero se veía en la precisión de alejarse del lugar.

Accedió don Lisardo a que la mujer subiera al automóvil, lamentando no poder acogerla con mayor anchura, pero había de saber que volvía a su casa natal y era capricho traer la caja de cartón que se veía, con ciertos recuerdos de infancia, y una colección de mariposas, menos intrascendente de lo figurado, junto con algunos objetos que embarazaban la berlina, eso que se alivió a tiempo de una jaula que se le venía clavando en los riñones.

Por lo que a ella tocaba, la mujer explicó que su premura en poner tierra por medio se debía a que la acosaba un amante grosero y muy corpulento, por más señas, compañero de elenco en una comparsa de teatro, en la que ella oficiaba, y que se le perdonara la inmodestia, de primera actriz. Y por si deseaba saberlo, su verdadero nombre era Tarsicia, pero en lo de las tablas la habían apodado Casandra, como la hechicera del *Agamenón* del famoso Esquilo, por haber principiado su carrera en tal papel, por eso y porque ella también era algo pitonisa en lo de leer el porvenir, interpretando los renglones de un libro tomado al azar, arte que, en brujería, se llama rapsodomancia y que ella solía practicar con un tomito del sublime Dante y un alfiler de oro que siempre llevaba consigo, y que relució en sus manos.

–¿Es eso posible? –se asombró el hombre.

Casandra abrió el hato de un gran pañuelo azul, en el que traía sus enseres, y sacó un librito con tapas de hierro, donde estaba burilada la palabra INFIERNO. Luego cerró los ojos, pronunciando una frase incomprensible, de la que afloraban nombres extraños, como Samael y Astarot, y buscó una página con la punta del alfiler. Don Lisardo se inclinó para leer en voz alta el verso señalado:

> *Me rodeaban voces dolorosas*
> *y no veía a nadie que las diera.*

Ante el mutismo de Casandra, que permanecía con los ojos cerrados, don Lisardo preguntó que qué significaba. Y sin abrir los ojos, la mujer le respondió que mantuviera la boca cerrada, y volvió a hurgar en las páginas con el alfiler, hasta pararse en un verso que decía:

> *Por amor al lugar donde he nacido.*

Confundido se hallaba don Lisardo ante aquella mujer arrobada en presagios y vaticinios, que muy intrincados debían presentarse, para tenerla muda y fruncida de ceño. Volvió a mover la mano Casandra y el alfiler de oro quiso señalar un verso en el que de nuevo se interrogaba sobre la angustia de un llanto.

–¿Qué llanto? –preguntó el hombre.

–Silencio –volvió a manejar el alfiler Casandra, como un diminuto bastón de ciego–. Es preciso volver a indagar.

Don Lisardo leyó el nuevo verso indicado:

> *Para manifestaros la novedad,*
> *diré que llegamos a una llanura...*

–Ahora veo algo –se inquietó la mujer–. Pero no se detenga.

> *...una llanura que rechaza*
> *de su lecho los retoños.*

–Parece que alguien se aleja de usted –repuso Casandra.

El alfiler volvió a señalar y el hombre a leer:

Los ojos en la tierra, decía suspirando:
¿Quién me niega la casa lastimera?

–¿Vive aún su madre?
–No, murió cuando yo era niño.
–Entonces ¿era usted la persona que lloraba?
–Supongo que sí –respondió confuso don Lisardo–.
Me hallaba muy triste el día que me despedí de ella,
cuando me envió a un colegio de Madrid. Yo no quería
separarme de mi madre. El chófer, un antiguo boxeador
o algo parecido, tuvo que arrastrarme hasta el interior
del coche y ella dio media vuelta y entró precipitadamente en la casa, para no verme llorar o para ocultar sus
lágrimas. Aquélla fue la última vez que la vi con vida.

–¿Le hubiese gustado que las cosas hubieran sido de
otra manera? ¿Cree que algo puede ser de una manera
diferente?

Don Lisardo abrió el estuche de las mariposas para
que Casandra contemplara, en la gran mancha violeta
de una Nazarena de los robles, aquel difícil instante: la
silueta del automóvil en primer término, la puerta en la
sombra y el perfil de una mujer que inicia el movimiento
de volverse de espaldas.

Casandra tomó la lupa y se inclinó sobre la mariposa,
soltando de la nuca algún perfume allá depositado.

–Por lo que puedo apreciar, su madre era muy bella.

–Bella es poco decir, y amorosa no digamos. Por una
de sus caricias daría la vida, de la misma manera que una
de sus caricias me trajo al mundo.

Don Lisardo habló entonces de su casa, descri-
biendo, hasta donde se le alcanzaba, la ambición de la torre que atalayaba la mar, la inmodestia de sus cuatro gár-

golas de adorno y la gallardía de la veleta, que era un hipocampo, y de la marquesina de la puerta donde su madre aguardaba su retorno del paseo y desde donde ella le despidió para siempre. Y si podía ser escuchado, diría que aún encontraba en el tacto de los dedos la humedad de una mancha de lágrimas en un pañuelo de su madre, y la huella dejada en una almohada donde el calor era todavía presencia de la ausente.

–A veces, en un lugar, en un instante, se encierra una vida entera –explicó de pronto don Lisardo, con ánimo de aclarar una frase dejada atrás, que acaso quedó incierta, aun a riesgo de embrollarla más todavía–. Allá estaba encerrada mi vida. –Extendió las manos y las cerró en torno a algo que parecía rehusar la apetencia de su abrazo–. Todo el resto, sólo fue aquel instante perfecto, alargado de mala manera por los vivos deseos de perpetuarlo.

Y le vino a la memoria el piano de la sala de baile, al que se sentaba su madre tardes enteras, con sus manos de viento encrespadas en el más intrincado Schubert, el de las *Tempestades de la vida*, y, algunas veces, con Lisardo niño en sus rodillas, para conducirle los deditos por las teclas y desgranar, como en un juego, al más sencillo Schubert, el de la *Canción del caminante*.

Poco tiempo, después de la muerte de su madre, permaneció el pequeño Lisardo en aquella casa regida por la distante insipidez de tía Melisenda, nombrada tutora del muchacho y administradora del peculio familiar. Por lo que Lisardito sólo iba por allí de navidades a estíos, en los que, para completar su educación, tía Melisenda contrató a la preceptora Cintia, la mujer que le enseñó a distinguir palomas de pichones.

–¿Y cómo se distinguen, si puede saberse? –preguntó Casandra.

–Muy fácil –contestó don Lisardo–. Se rasca cariñosamente el buche del animal; si es macho, se pone orgulloso, y si es hembra, se pone orgullosa.

Casandra rió de buena gana la ocurrencia.

–Mire esta Limonera –señaló don Lisardo una pequeña mariposa de color verdoso.

La mujer tomó la lupa y la acercó al insecto, para exclamar que lo que allí se apreciaba en aumento parecían dos figuras trabadas en un abrazo o en una pugna.

–Son la preceptora Cintia y la camarista Leonela, que accedieron a mi capricho de que fueran representados los amores del caballero Tristán y la reina Isolda, leídos aquellos días en un precioso librito que firmaba el recopilador Bédier.

Pues resultó que una noche de ausencia de la tutora, acomodaron a la medida de la propia fantasía una habitación con vistas a cierto mar de Irlanda, en la que este ángulo era proa de galera y aquel otro estancia de castillo de Cornualles, en éste soplaban los vientos y en aquél una pantalla granate atemperaba la suave luz de una lámpara que ponía en el aire tintas de crepúsculo, para quien quisiera imaginarlo.

–Y como aquella noche hubo tormenta de verdad, para qué más efecto –agregó don Lisardo, entusiasmado de ver a Casandra pendiente de sus labios, como una Dido arrobada por los relatos de Eneas.

Cintia, la más joven, que hacía de Isolda, vistió una liviana camisa de dormir, bajo las carnes pretendidamente desnudas, a ruegos de Lisardito. Fue Leonela la que le ciñó luego al talle y al pecho cintos de valquiria y de amazona, manifestando que no concebía el amor tumultuoso sin que mediaran prendas duras. Por eso, ella calzó altas botas y jubón de cuero, para encarnar a

un Tristán que más parecía un violador de bajos fondos
que un príncipe de Britania.

–Magnífico talante el de aquella hembra –apostilló
don Lisardo el propio discurso con algún énfasis, para
volver de nuevo al tono llano de un pasaje menor, en el
que Leonela y Cintia, es decir, Tristán e Isolda, compar-
tían una copa de vino que era un filtro amoroso no destinado a ellos, pero que les ligó para siempre de una pér-
fida manera.

Así, Tristán e Isolda, por mucho que buscaron sepa-
rarse, volvieron una y otra vez al abrazo, con un inextin-
guible ardor que tiraba de sus hechizados miembros, de
sus vísceras imantadas, con la irrefrenable pasión que
ata a los que beben filtros, como explica Pierre D'Hattan
en su *Opus Nigrum*.

Y aquí de nuevo don Lisardo entró en detalles de
cómo se desató una tormenta fuera del salón, y podría
decirse que dentro también, hablando a lo metafórico,
cuando ambas sirvientas, de pronto, imbuidas de ve-
rismo, con el primer trueno consintieron en que sus brazos, sus cuellos, sus talles, sus corvas, sus pantorrillas y
sus muslos, comenzaran a hablar por sí mismos, obede-
ciendo a impulsos que duermen en el vientre, apretando
el abrazo, ensayando la lengua, metiendo en el tacto co-
dicias de amante, agitándose en movimientos que hacían largar por la boca el estertor placentero y sacaban a
la piel unos zumos gomosos, de agrio aroma, que estaban más allá de las exudaciones del mero ejercicio mus-
cular, como si lo bebido en aquella copa ficticiamente,
gozara en verdad de los poderes que lo teatral les
atribuía.

Atónita estaba Casandra, no se sabía si ante el suceso
de la leyenda o de la realidad. Ambigua quedó, por tanto,
la pregunta.

–¿Y cómo acabó todo?

–Tristán murió de pena, por la tardanza de su amada, que no acababa de llegar a su cita, y ella, al hallar a su amado inerte, murió también, boca con boca, vientre con vientre, sobre aquel cadáver, incurriendo (ésa era la palabra), incurriendo en un abrazo tan exhausto que, aun tratándose de una farsa de Leonela y de Cintia, parecía muerte verdadera.

Don Lisardo volvió a abrir el estuche para mostrar a Casandra aquel abrazo, que debía andar por las alas de alguna de aquellas mariposas, pero la mujer le atajó el gesto, tocándole una mano con la punta de los dedos.

–¿Por qué se empeña en imaginar una vida diferente, llevada en alas? –le dijo–. Pruebe a ensayar una vida nueva y comprobará entonces que apenas será distinta de la anterior, como no podrían serlo dos melodías interpretadas con sólo cuatro notas.

–Las cosas comienzan a suceder en el instante mismo en que alguien cree que son posibles –arguyó don Lisardo–. ¿No es posible todo en los sueños? ¿Y no ha sido posible este mundo, que es el más extraño de los sueños?

–Un mundo que yo me guardaría de analizar con más detalle –respondió la mujer–. Alguna vez también yo creí en los deseos –sonrió–. Cuando era niña, hacía sortilegios, pintando arrugas en la cara de mis hermanos pequeños, para que imaginaran lo que les gustaría ser cuando fueran mayores.

–¿Usted nunca ha dado rienda suelta a los sueños? ¿No hay nada que le hubiera gustado hacer, nada impulsado por el feliz soplo del deseo?

La mujer alzó la vista, aleteando con las pestañas sobre su inmenso iris color agua profunda.

–¿Ha oído hablar de Deyanira, la más bella de las heroínas de Sófocles?

A don Lisardo le extasió el reflejo del fondo de aquel iris, donde a la mujer se le materializaban en sombras, también a ella, las ilusiones olvidadas.

–Un día –dijo Casandra, abriendo los ojos lo bastante para que don Lisardo pudiera bañarse en aquel lago oscuro–, Hércules y Deyanira emprendieron un viaje y tuvieron que pasar un río, en el que un Centauro era el encargado de transportar en su lomo a los viajeros. Primero, el Centauro cargó con Hércules. Luego regresó y transportó a Deyanira. Pero durante el trayecto, trató de violarla. Entonces Hércules le atravesó el corazón con una flecha y condujo a Deyanira en sus brazos a la orilla y se casó con ella.

–¿En serio? –exclamó don Lisardo–. Es una historia que no me importaría ver representada.

Casandra largó la melancólica mirada a los campos soleados, recién verdecidos por aquellos días, que el automóvil dejaba atrás, indiferente al pensamiento de la mujer, que hubiera deseado pararse a sentir la hierba húmeda en las ardientes mejillas.

–Fugaz estampa la de la dicha –suspiró–. La libertad del hombre es la libertad del pájaro en la jaula. Puede elegir el palo donde dormir o el barrote junto al que elevar su trino al viento. Pero no puede elegir su jaula.

–No hablemos de cosas tristes –dijo don Lisardo–. Conversando se ha hecho la hora de almorzar. ¿No tiene usted hambre?

Casandra respondió que sí y don Lisardo mandó parar al chófer. La mujer se apeó estirándose y gruñó como una paloma, antes de echar a correr. Don Lisardo le gritó que a dónde iba, iniciando su persecución. Y a la carrera se sumó también Braulio, algo fatigado por el impedimento de una cesta de mimbre llevada en brazos, con viandas que su señor le había mandado preparar a última hora, por si se le ocurría echar un bocado «junto a alguna fuente de aguas manantiales», lo que no estorbó que el hombre, de propia cuenta, añadiera un par de botellas de vinito «por si acaso».

XV.   A TRAVÉS DE LOS PRISMÁTICOS

La mujer, fatigada, puede decirse que se derrumbó en el suelo, pero no en un lugar cualquiera. El poeta Berceo no hubiera concebido un escenario más agraciado para un portento de Nuestra Señora. Las aguas de aquel arroyo podían ser muy bien las que sanaron al rey Recesvinto, y los trinos que se oían en la fronda, los del mismo pajarillo que mantuvo absorto trescientos años al abad Virila.

Allá cayó también don Lisardo sin aliento, y allá abrió la cesta el jadeante Braulio, después de despojarse de la casaca, con permiso de los señores, para meterse con mayor despejo en labores de extender un mantel de encajes sobre la hierba, distribuir vajillería y cubiertos y poner el vino a refrescar en unas cristalinas aguas que para qué iban a estar allí sino para el caso. Y por si fuera poco florido el entorno, adornó el centro del mantel con margaritas clavadas en alta copa.

De la cesta salieron rollitos de pavo fiambre rellenos de huevo hilado, panecillos de Viena, hojaldres y frambuesas, y también salió de allí el estuche exagonal con la concertina, y los prismáticos, por si a su señor se le antojaba otear los contornos.

Casandra se incorporó del suelo para alabar la pinta de lo servido y recobrar la viveza de los gestos desmayados por una carrera necesitada por su juventud, tras la forzosa inanición del viaje, y se desabrochó un par de botones de la blusa, con la habilidad puesta en sólo dos dedos, los mismos que, seguidamente, llevaron carne a la boca y panecillos, con avidez de colegiala. A don Lisardo le encantaron los ademanes de la mujer, y sólo por el gusto de oírle hablar con la boca llena, le preguntó:

—¿Y usted, a dónde va, quiero decir, en este viaje?

Ella no aguardó a deglutir para contestar:

—No lo sé, adonde pueda ganarme la vida —y sacudió adorablemente la cabeza, removiendo el mechón de pelo que ocultaba su bonita oreja.

—Usted ya tiene la vida ganada con su juventud y su sonrisa —la aduló don Lisardo

—Tampoco es usted un anciano, para hablarme así —replicó Casandra—. Ahora sólo le falta salirme con que podría ser mi padre.

—No diré tanto —repuso el hombre, con la mirada fija en la oreja de Casandra—, pero le aseguro que, aunque no transcurren los años sin deslucir y marchitar, tengo más edad de la que represento.

Braulio sirvió vino, que a Casandra le acabó de teñir las mejillas.

—La vida pasa deprisa —dijo don Lisardo.

–Pasa deprisa si uno no sabe pararse a gozar de las insignificancias que cada día nos penetran por esas ventanitas que son los sentidos –dijo la mujer, al pronto reconfortada–. Cada uno de estos instantes es un prodigio tan repetido que ya ha dejado de asombrarnos y que nos hace olvidar a veces que seguimos estando vivos.

–Si es que lo estamos –murmuró don Lisardo.

–Los minutos son largos –dijo Casandra, llenándose la boca de frambuesas.

–Sí, pero los años son breves –replicó don Lisandro–. Al menos para un hombre de mi edad.

–¡Vaya perra que ha cogido con lo de la edad! ¿Por qué se empeña en hacerse mayor de lo que en realidad es?

Tras un bocado somero, don Lisardo tomó los prismáticos y, de dos zancadas, remontó el declive herboso, manchado del sol que filtraban los olmos. La pequeña cima le asomó a una llanura deslumbrante, casi blanca, a la que tuvo que acostumbrar las pupilas para distinguir la umbría de la depresión en la que se agazapaba un pueblito terroso, acogido al poco verdor de una vega subordinada a la escasa humedad de un riacho del que el arroyo que refrescaba el vino era todo un señor afluente.

–¿Qué le gustaría a usted hacer en la vida? –preguntó a la mujer.

–No lo sé. Por ahora, lo único que deseo es estar aquí. Gozar de esta sombra, de este paraje, ya es todo un privilegio. Luego, ya veremos.

–Para conseguir algo hay que desearlo vivamente –dijo don Lisardo–. Por ejemplo; si usted tomara estos prismáticos, ¿qué le gustaría ver?

–Tampoco lo sé.

–Cada deseo que depositamos en nuestro corazón es como ese granito de arena en torno al que el molusco forma la perla. Pero las cosas hay que desearlas cerrando los ojos y cruzando los dedos así –y montó el índice sobre el medio–. Es una fórmula infalible para conseguir lo que se quiere.

–¿Cómo lo sabe?

–Me lo enseñó la nurse Sirena –repuso el hombre, llevándose a la cara los prismáticos, que le revelaron la torre incierta de la iglesia del pueblito, y el aplomo de un asnillo con tinajas, remoloneador de mediodía bajo la inocua vara de una vieja aspaventosa; y poco más: algunos niños, una mujer que tendía ropa en la ventana y dos perrillos husmeadores cada uno del trasero del otro, en trajín de molinetes.

–Muchas cosas le enseñaron aquellas nurses y preceptoras de su infancia.

–Casi todo –replicó, sin dejar de mirar por los prismáticos–, porque casi todo lo de la vida se aprende de niño, y el resto no es más que repetir lo aprendido.

Desplazó los prismáticos en pos del verdor del cauce y se encenagó en un monólogo en el que desordenadamente dijo que un solo día de infancia enseña a veces un número de cosas mucho mayor que las que un adulto aprende en un año, pues, de luz a luz, un niño llora y ríe, ama y odia, goza y teme, ¡qué sé yo!, se encapricha y se desilusiona muchas veces. Y cuando se extasía ante una simple bolita de papel, empujándola por la superficie de una mesa, no le preguntéis qué hace. Está aprendiendo.

En cambio, para un hombre harto de experiencias, decir que los días pasan raudos como un caballo al galope entrevisto por la rendija de una puerta, no era simplemente una frase.

–No diga eso –replicó Casandra–, aún le queda a usted media vida por delante.

Ah, no, no, no. Tampoco era cierto que la mitad de la

vida se hallaba alrededor de los cuarenta, ni mucho menos, sino (y escúcheme bien), de los quince años. Y de nuevo volvía don Lisardo a abandonarse al laberinto de las paradojas, para explicar que la senectud del hombre comienza al término de su período de aprendizaje intenso, es decir, de su adolescencia. Pues mientras se es niño, los días son eternos, y galácticas las distancias entre los años. Sólo en la aventura de dar los primeros pasos (tengo entendido), el niño ensaya, coordina y memoriza miles de sensaciones nuevas, de experiencias únicas, de movimientos insabidos, de recursos primordiales, de pequeñas proezas.

Don Lisardo guardó un silencio lleno de cantos de pájaros, sólo para hacer más efectiva la aseveración de que, también cuando un niño muere, en una fracción de segundo pasa por su mente todo lo que aún le faltaba por vivir. La frase resonó de un modo tan homérico que hasta se callaron los pájaros. Y separó los prismáticos de la cara sólo el tiempo de dirigirse a la mujer:

–Pero no me ha dicho todavía cuáles son sus deseos.

–Sólo aspiro a vivir sencillamente de mi trabajo –repuso Casandra.

Don Lisardo buscó con el foco el sosiego de la fronda del cauce. Las huertas estaban desiertas, pero en aguas de remanso divisó un chapoteo.

–No sé hacer muchas cosas –dijo Casandra.

La ruedecita que enfocaba las lentes definió los perfiles de dos figuras que jugueteaban en medio de un aura de espuma luminosa levantada al cielo. Eran dos muchachitas desnudas, entregadas al juego de alzar agua. Una, apenas despuntada de pezones, con el pubis recién ensortijado, salpicaba a la otra, que era más rotunda y crecida de caderas, y muy empinada de nalgas, pero niña todavía.

Puedo cantar —agregó la mujer—, bailar y divertir representando comedias.

Ahora la segunda trababa a la primera y la sometía en el agua, entre los muslos, azuzada por el ardor del juego. La otra deslizaba el húmedo cuerpo entre las crispadas manos de su opresora, para chapuzarla agarrándola por una pierna. A veces, tras las manos iba la boca a los brazos, a las nalgas, al cuello o a la cara, donde se confundían labios y mejillas, para hacer como si hincaba el diente, o para hincarlo de veras, con tan perversa inocencia (ninguna perversidad lo es realmente, si no es angelical, pensó el hombre), que parecían no existir en realidad, sino que alguien las estaba soñando.

Don Lisardo apartó definitivamente de la cara los prismáticos y volvió a mirar el paisaje lejano y vacío.

—Además fui enfermera durante algún tiempo —dijo la mujer, empujando con vino los pastelillos de hojaldre—. Me sientan muy bien la capa azul marino y las medias blancas, puede creerme.

Braulio se recostó en un árbol y tomó la concertina para ensayar unos aires de vals, mientras Casandra trepaba por el declive.

—En un hospital también se aprende lo que vale cada instante mientras se vive —dijo la mujer, acercándose a don Lisardo—. Había que ver cómo se agarraban a la vida con las uñas, interrogaban los relojes, volvían la cara al pasado, inventaban la esperanza, se negaban a cerrar los ojos por la noche, increpaban al Cielo, aquellos hombres empujados al abismo, en un lugar donde se amanecía al son del estallido de las bombas. Si yo le dijera que me enseñó a bailar un hombre al que acababan de cortar las piernas. Él dirigía mis pasos desde la cama, con su voz: Uno, dos, tres y... uno, dos, tres y...

Casandra tendió la mano a don Lisardo para invitarle a bailar.

–Soy un pésimo bailarín –dijo el hombre, resistiéndose a seguirla.

–Vamos –insistió Casandra–. Es muy fácil.

Braulio arreció en la melodía y su señor trabó a la mujer por la cintura y la condujo tímidamente por los ritmos del vals.

–Ya le dije que soy muy torpe –se excusó.

Ahora, el agujerito de la oreja de Casandra estaba tan cerca de su cara que los bordes del orificio le desataron aquel apetito que le hacía desear de las mujeres el instrumento de la boca. Cerró los ojos.

–¿Está formulando algún deseo? –le preguntó Casandra.

–No –se detuvo don Lisardo–. Me duele el dedo, me aprieta el anillo –dijo, intentando sacarse la sortija que le oprimía el dedo pulgar.

–Déjeme que pruebe yo –dijo la mujer, tirando del anillo, sin éxito–. ¿A quién se le ocurre ponerse un anillo tan pequeño en el dedo gordo? Esto se resuelve con un poco de saliva.

Casandra introdujo resueltamente el dedo del hombre en su boca y lo chupó despacio. Braulio paró la música y don Lisardo soltó un quejido que muy bien habría podido salir de la garganta de una gallina a la que hubieran retorcido el pescuezo, cuando la mujer dio un tirón con los dientes.

–Aquí está –dijo entregándoselo–. Es un anillo muy estrecho para los dedos de un hombre.

–Es el recuerdo de una mujer –explicó don Lisardo, poniéndose el anillo en el meñique, después de comprobar que tampoco le cabía en los otros dedos.

Casandra tomó los prismáticos y le preguntó si había habido muchas mujeres en su vida.

–No sabría decirlo –repuso el hombre . Quizá no ha habido realmente ninguna.

–Un topacio como ése sólo pasa de una mano a otra cuando media el amor –dijo ella, mirando a través de los prismáticos–. Es curioso. No parece usted muy seguro de su pasado, como si no hubiera terminado de vivirlo o lo hubiera olvidado en parte, tal vez de una forma instintiva, como dicen que se borran los recuerdos indeseables.

–No hay nada que podamos dar por sentado –respondió don Lisardo–. Ni siquiera podemos saber si somos realmente inocentes.

–El hombre no nace culpable.

–No, pero la inocencia hay que ganarla, como se conquista un territorio.

–¿Queda algún mal recuerdo que borrar de su memoria, algún remordimiento que todavía permanezca en las alas de sus mariposas?

–Es difícil olvidar algunas cosas –le salió un gallo en la voz al hombre. Casandra dejó los prismáticos, para inquirir con la mirada a don Lisardo, que murmuró–: una pistola puesta contra la sien de un inocente, por ejemplo.

A partir de aquel momento, todo sucedió deprisa, como acelerado por quien mandara sobre la manivela que mueve la vida de los hombres. De pronto, don Lisardo se precipitó hacia el automóvil, después de consultar su reloj, pretextando que se había hecho tarde y que no era conveniente viajar de noche, y Casandra le siguió como un perrito al que le hubieran desposeído de un hueso aún no terminado de roer, mordiéndole los fondillos de los pantalones con preguntas como: ¿Hizo usted eso? ¿Puedo creerlo? ¿Acaso tiene usted el aspecto de uno de esos criminales que matan por placer? ¿Nada hay cierto, entonces, para usted? ¿Piensa que muchas veces vemos las cosas a la medida de nuestra comodidad? ¿Cómo sabe, pues, que era inocente aquella persona a la que usted puso una pistola en la sien?

Braulio devolvió precipitadamente a la cesta los enseres del almuerzo y corrió para alcanzar al amo y al perrito, y abrir portezuelas, cerrar capós, poner el automóvil en marcha y salir pitando. Al cabo de un rato, después de que todo hubiera vuelto a su ritmo normal, don Lisardo respondió a la última pregunta quedada en el campo:

–No sé con certeza si aquella sien era o no inocente. Sólo era una manera de hablar. Como no sabemos, tampoco, si eran inocentes las dos niñas desnudas.

–¿Qué niñas? –exclamó Casandra.

–Las de la poza del río.

–¿Qué río?

XVI. LA NOCHE DE LA MAZMORRA

Al automóvil le entraba la tarde por el lado izquierdo. Era uno de esos difíciles instantes en los que, viendo al sol decaer, da que pensar en que todo acaba y empieza, para volver a acabar y empezar, sin saber a ciencia cierta cuál, de ambas cosas, es cuál.

La carretera se ensanchó de nuevo, y las llanuras, siempre semejantes a sí mismas, se sucedieron a las llanuras, en un paraje tan abierto y liso que podía decirse que todo él era carretera. En algún pasto de horizontes había potros, y don Lisardo le preguntó a la mujer si sabía montar a caballo, pues, al ver el llano y los animales, le habían asaltado unas terribles ganas de recuperar alguno de sus deportes de adolescencia, y había de practicarlo en cuanto se apeara de aquel vehículo que le tenía anquilosado de cintura.

Casandra dijo preferir el tenis a la equitación, pues un caballo la despidió por las orejas cuando niña, y ya se sabe, esas cosas gravan los hábitos de conduta, si se sufren en la época de los primeros aprendizajes, y preguntó a su vez:

–¿No le ha sucedido a usted aborrecer algo padecido en la infancia?

–Sí, pero no los caballos –repuso el hombre en unos timbres de voz tan joviales que Casandra tuvo que mirarle a la cara para percatarse de que quien le había invitado a subir a aquel viejo modelo de automóvil seguía siendo el hombre pomposo y algo apocado del principio, y demasiado joven, si bien se miraba, para hacerse servir por un chófer uniformado a la antigua, como salido de las apagadas estampas de baúl de un anciano.

Don Lisardo perdió luego la mirada en las blancas tapias de un cementerio con su puerta de rejas de forja, que se adornaban por lo alto con una cenefa en la que se implicaban alfas y omegas, cruces, palmas y soles flameantes. Y por el aire vinieron entonces los sones de un sexteto de cuerda, acogido a los doseles alzados junto a la fila de cipreses que enmarcaban la calle por donde, hombres de negro, habían traído en hombros a su madre muerta.

La lluvia sonaba en los paraguas tétricamente, con un repiqueteo semejante al de las paladas de tierra arrojadas sobre el féretro, después de deslizarlo con maromas a lo hondo de la fosa, junto con las flores de la camarista Leonela, de la nurse Sirena, del chófer boxeador, de tía Melisenda y de prima Griselda, que había venido al sepelio acompañada de aquel alférez Montes de Barbanza, el pálido hombre de pelo engomado y bigote fino que, esta vez, en lugar de sable, traía al cinto una pistola en funda de charol.

Algunos sonoros gemidos de último momento, compitieron en intención con los timbres desolados de aquel sexteto decidido a meter todo el vasto esplendor del *Adagio* de músico Barber, en cuatro tristes violines y alguna otra cuerda.

Griselda ladeaba lánguidamente la cara sobre las bordadas charreteras del alférez y el pequeño Lisardo lloraba, a partes iguales, de desolación y de rabia. Sólo hubiera tenido que dar unos pocos pasos hacia el hombre, arrebatarle el arma, apuntarle a la sien y apretar el gatillo, para satisfacer su promesa infantil.

Inopinadamente, la carretera había vuelto a estrecharse y, tras una amplia curva, se abrió a los pies de los viajeros un distante panorama de torretas y tejados, murallas y portones sumidos en brumas de ocaso, del que emergían, como arboladuras de bergantines al pairo, los abigarrados chapiteles de una imponente catedral.

–¡Burgos! –exclamó Braulio, con el entusiasmo de un descubridor de tierras nuevas.

Al cabo de otra curva, la ciudad desapareció detrás de una loma que ocultó también el último sol, arrojando un inverosímil soplo de viento frío sobre brazos y escotes, dorsos de manos y nucas desabrigadas, tan insospechado que hizo parar el coche a Braulio y apagar los faros sin saber realmente por qué.

Casandra buscó en el cielo un astro que no había, y don Lisardo no se atrevió a decir una palabra. Entonces fue cuando la noche súbita, atravesando vidrios y chapas, se les impuso en la carne por sus valores de negrura y de silencio, negrura más desafiante y silencio más incomprensible al romperse, de pronto, por alguna parte, como árbol que se descuaja, con el tableteo de una ametralladora.

Cautelosamente, Braulio volvió a poner el automóvil

en marcha e inició un viraje en redondo, sin que su señor se lo ordenara. Pero don Lisardo le atajó las intenciones, mandándole seguir su camino, pues quizá le aguardaban ya en casa y no era cuestión de demorarse inútilmente.

–Sin duda es otro pueblo en fiestas, que ofrenda su júbilo a algún santo quemando tracas –justificó don Lisardo su decisión de seguir adelante, saliendo al paso de los recelos del chófer–, y haz el favor de encender los faros, para ver dónde nos metemos.

–Fue una descarga de ametralladora –afirmó seriamente Braulio.

–La gente no anda con ametralladoras por ahí, detrás de los consejos, y menos de noche.

–Será otra vez la guerra –dijo Braulio.

–¡Qué guerra ni qué ocho cuartos! –perdió la paciencia don Lisardo–. Acabamos de salir de una que aún está, como quien dice, a la vuelta de la esquina, y ya estamos pensando en nuevos tiros y matanzas.

–Entonces será que la guerra pasada aún no ha terminado –se empecinó el chófer.

Sonó una nueva descarga, esta vez más cerca, que fue contestada por otra, estableciéndose un desatinado diálogo, una especie de toma y daca de traquidos parecida al de una burlesca batalla de petardos en Carnaval.

–¿Ve? –iba a decir Braulio, cuando los faros del Bentley iluminaron una camioneta entoldada, puesta en medio del camino.

Se necesitaban unos nervios templados en lo alto de la cuerda floja para que no le temblara el pie al hombre en los pedales. El oficio por encima de todo, Braulio no había de pestañear al verse encañonado por los fusiles de unos hombres con cartucheras militares. Frenó sin brusquedad, para no causar incomodo a quienes habían confiado en su pericia. Fusiles y linternas le entraron a la par por la ventanilla, para tener que oír despropósitos de su atuendo servil y de su persona misma, en barbarismos pronunciados por gentes que, para esclarecer la mala gramática, empleaban gestos aún peores. Un manotazo le voló la gorra de la cabeza, y en torno al automóvil se alzó un coro de chacotas y risas que exageradamente festejaban la ocurrencia del gracioso, que se llamaba, o le llamaban, Teodoredo.

Braulio obedeció la orden de apearse del automóvil con las manos en la nuca y fue recibido por un tal Leoncio, que se ocupó de cachearle de la cabeza a los pies, por orden de un hombre joven, que usaba un gorro cuartelero adornado con alguna sardineta de mando y manejaba entre los dedos juguetones una agobiante pistola.

–¿Qué significa esto? –sacó la cabeza por la ventanilla don Lisardo, para verse con la narices encajadas en la boca de la pistola oliente a pólvora recién ardida.

–Pronto lo sabrás –le respondió el de la sardineta, subiendo ágilmente al Bentley y ordenando al tal Leoncio que ocupara el volante para «volver a casa».

Casandra, al verse llevar por gente de pistola, no se asustó; bullía en su pecho la enfermera. Simplemente, supo que se avecinaban tiempos de volver a la capa azul y las medias blancas. Por su parte, don Lisardo, mirando de cerca a los intrusos, aún le pareció más terrible la situación. Mal afeitados estaban, como para pensarse algo bueno de aquellos bribones.

A través de un desplazamiento a faros apagados, por una estepa insondable, que duró un siglo, el automóvil entró en tierras calientes, como si hubiera traspasado de pronto una línea meteorológica pintada en el suelo. Los dos hombres no hablaron durante el trayecto, limitándose uno a conducir, escupiendo de vez en cuando por la ventanilla algo sorbido de las narices, y el otro a liar un cigarrillo para sí y otro para entregárselo encendido a quien tenía las manos aplicadas al volante, con un gesto que a don Lisardo le pareció más maternal cuanto que procedía de un desalmado visto en las destemplanzas de la guerra.

Don Lisardo y la mujer no sabían a dónde habían llegado, cuando entraron en un pueblo con los letreros agujereados, comidos por la metralla, que parecían haber servido de blanco en algún certamen de puntería. Las calles con muertos (si es que lo estaban, pues alguno se levantó como un resucitado sin acabar de resucitar), y una oscuridad de faroles estallados y cables eléctricos por el suelo, que aún chisporroteaban en el adoquinado, encendiéndolo a trechos, revelaban que allá acababa de librarse una de esas contiendas entre paisanos, que se dirimen por las esquinas.

El Bentley paró en la plaza, frente a un Consistorio mal iluminado de zaguanes por una luz lívida, que se adivinaba de carburo, a falta de fluido eléctrico. Manos en alto, los prisioneros pasaron por debajo de una gran bandera con emblemas pintados a la brocha, que pendía del balcón principal.

Las mariposas nocturnas cubrían las paredes de la habitación medio vacía, a la que los prisioneros fueron empujados. Los insectos, opacos y torpes, se arracimaban en ciegos enjambres zumbadores, que afantasmaban el aire, en torno a la llama de un candil colgado de la lámpara del techo, justo encima de una desmesurada mesa de trabajo.

–Quiero ver al comandante –dijo Casandra, en sonantes tonos de actriz–. Soy enfermera y quizá pueda, con mi colaboración, contribuir al buen sentido de la humanidad, si es que le queda alguno.

La mujer casi adivinó sus palabras, antes de oírlas, cuando el de la sardineta se sentó detrás de la gran mesa, después de limpiarla de mariposas a golpes de gorra.

–El comandante soy yo.

–Entonces es a usted a quien debo exigirle una explicación –replicó Casandra–. Pertenezco a un cuerpo de sanidad amparado por las convenciones internacionales.

–No acostumbramos a impedir su trabajo a las enfermeras, sino que, por el contrario, muchas veces, les surtimos de él –dijo el de la sardineta, con una agria mueca–, ni a fusilar niños bonitos, por el mero hecho de serlo– y entonces miró a don Lisardo–. Pero, en cualquier caso, debemos saber quién traspasa nuestras líneas por la noche y qué es lo que le mueve a ello. Así que ya podéis ir mostrando vuestros documentos.

El de la sardineta tomó en sus manos la cartilla que don Lisardo arrojó sobre la mesa, levantando un fragoroso revuelo de mariposas que ensombreció aún más el aire. Alzando los papeles a la llama, pasó repetidas veces la mirada de la fotografía a la cara de don Lisardo, y de la cara de don Lisardo a la fotografía, con ceños de buen compulsador de documentos, y le preguntó si se había alistado en alguna parte. A la respuesta negativa de don Lisardo, el de la sardineta pareció enojarse:

–¿Qué hace un hombre, joven aún, fuera de filas en una guerra?

A Lisardo le tembló la voz. Dijo que volvía a la casa de su infancia y el otro se preguntó a sí mismo qué narices pintaba la infancia en todo aquello, a lo que él respondió que su madre esperaba ansiosa su regreso. El de la sardineta, atragantado por sus propias expresiones de indignación, repuso entonces que aquello tendría que explicárselo mañana a un tribunal de juicios sumarios, e hizo una seña de dedos al tal Leoncio, que aferró el brazo de Lisardo y, con una linterna por delante, lo condujo a través de un estrecho pasillo de dos recodos, hasta un sótano al que se descendía por una trampilla abierta en el suelo.

Lo último que oyó, antes de bajar, fue la enojada voz de la mujer (sobre las dos fuerzas que luchaban en ella, la cautela y el orgullo, prevaleció una tercera: la curiosidad), que preguntaba:

–¿Qué van a hacer con él?

Allá abajo, media docena de mazmorras con puertas de palastro se abrían a ambos lados de un corredor interrumpido por una reja tras la que, el resplandor fugaz de la linterna, descubrió a un hombre desnudo, medio desvanecido y colgado por las muñecas de una viga del techo.

Lo que el hombre mostraba encajado en la carne, era de no creerse. Lisardo, en la absoluta tiniebla del cuchitril al que fue relegado, pensó que le había mentido la vista. Porque le había parecido vislumbrar, a la luz de la linterna, que al hombre le entraban dos cables, uno por la uretra y otro por el ano.

Al pronto, Lisardo no se explicó la cosa, por cuanto ingenuamente había imaginado los suplicios de sótano con artilugios de ruedas y maromas, como los recordaba de un librito de grabados, de Lucas Barahona, que pormenorizaba los métodos de la Inquisición de Toledo. Y no pudo reprimir un grito de protesta, no dedicado a nadie en la soledad de su aislamiento, al comprender que aquel hombre entrevisto en rejas aguardaba allí, con los cables dentro, la vuelta del fluido eléctrico, para acabar de ser torturado.

Entonces creyó saber Lisardo a qué podía ser comparado el dolor del alma. Él había sentido ese dolor, el de la descarga eléctrica, el día que le separaron de su madre. A menudo había buscado una forma de precisar ese dolor, que algunas veces, como el de los místicos, trasciende al cuerpo. Y no había hallado una buena manera de expresarlo hasta la noche de la mazmorra, en la que los dos cables que buscaban los centros neurálgicos del bajo vientre, le habían aproximado a las proporciones exactas de aquel otro dolor.

Primero fue su madre la que se alejó, luego su prima Griselda, aunque en realidad no fue su madre la que se alejó de él, sino él de su madre, «yo me entiendo», dijo en voz alta; pues aunque él se alejó en el automóvil para iniciar sus estudios de colegio, fue su madre la que le obligó a irse lejos, lo separó de ella.

El último día, pasó la mañana en la playa con su madre. Sentada en butaca de mimbre, era la puntilla que le nimbaba el escote la que la aproximaba a las Madonas en Hornacina; puesta a caminar descalza por la orilla, en cambio, era brisa que le pegaba la túnica a las caderas la que la convertía en Venus Naciendo de la Espuma.

En la casa, todo estaba dispuesto para que Lisardito partiera después del desayuno. El niño no deseaba probar bocado. Bajo la mirada implorante de su madre, las lágrimas se le mezclaban con el alimento en el plato.

Fuera aguardaba el chófer de manos enguantadas y ajenas, que había de tomar las suyas para obligarle a ir hacia el automóvil y a sentarse en su interior, mientras su madre alzaba el brazo, que le hacía un hoyito en el hombro, y agitaba la mano, bajo la marquesina de la puerta, con un movimiento pausado de despedida.

Fue la última vez que el niño vio la mano de su madre, desdibujada a través del raudal de lágrimas, antes de que ella diera media vuelta y entrara precipitadamente en la casa que ocultó para siempre a sus ojos aquella carne envuelta en sus sedas azules, perdida entre sus fragantes frascos, sus joyeros, sus estuches, sus polveras, y el corazoncito de plata, custodio encelado del tesoro de un rizo infantil.

Lisardito, más que verla, la oyó remontar las escaleras, asirse a la barandilla con manos húmedas. Y mientras el automóvil se alejaba, pudo escuchar el rumor de su falda entre las piernas, el crujido de los muelles de la cama donde derrumbó su cuerpo y el susurro de los encajes del pañuelo que se llevó a los ojos y de la almohada donde dio rienda suelta, ella también, al gemido.

En la tiniebla de la mazmorra, se preguntó si su madre no poseía una fuerza secreta sobre él. Últimamente, al caer dormido, soñaba con aquella mano, vista por última vez bajo la marquesina, que se alejaba mientras él alargaba la suya inútilmente. Y entonces, Lisardo se despertaba de pronto envuelto en sudor, con el rostro cubierto de lágrimas. Pero lo más terrible de todo era que seguía viendo aquella mano después de abrir los ojos, y volvía a alargar la suya para tocarla, hasta terminar de despertarse.

Lisardo no supo cuántas horas pasó en aquella oscuridad remota, puesto que allí no llegaba luz de día, ni voz de gallo o de campana. Ni necesitó abrir los ojos para saber si había vuelto la corriente eléctrica. El espantoso grito del hombre ensulpiciado en la mazmorra contigua, le hizo saber que acababa de saltar la chispa entre aquellos dos polos metidos dentro, allá donde más duele.

XVII.   SEGUIR CON VIDA

Le habían de sacar del cuchitril a patadas, hincándole el fusil, ahora de caño, ahora de culata, en los ijares,
para apremiarle los movimientos del cuerpo, cuerpo
que llevaba como relleno de perdigones. Cegado por el
resplandor del mediodía, fue empujado al interior de la
misma camioneta entoldada que se les atravesó anoche
en el camino. La conducía el tal Leoncio, y le acompañaba aquel otro que se llamaba, o le llamaban Teodoredo.

Luego fue la penumbra del interior de la camioneta
la que le impedía ver, después de haber acomodado a la
plena luz la pupila. Allá dentro, en su momentánea ceguera, tropezó con un bulto. Por la blandura de lo tocado, por el lamento que se escuchó, aquello debía ser el

cuerpo de un hombre, apenas hombre, fardo más bien, el que se veía reducido a amasijo de andrajos y sogas.

Lisardo se sentó en el suelo, mientras la camioneta arrancaba con un penitencial estrépito, chirriando por los mil ejes, remaches, tornillos y juntas, botando en un suelo pedregoso, venido a sumarse a las otras incomodidades. Encogió las piernas y apoyó los brazos en las rodillas, con los que hacer almohada para el mentón. Luego cerró los ojos.

Le entristeció pensar que no volvería a ver su casa natal, pues aquello se ponía pero que muy feo; algo tramaban aquellos zafios de fusil sobre las rodillas. Luego se acordó de su madre viva, mejor dicho, como si aún viviese, pues no la había visto muerta, no le dejaron verla durante el entierro, dándole por excusa que el féretro estaba cerrado con una llave arrojada nada menos que a la mar. Por eso la recordaba siempre viva.

Ahora que lo pensaba, tampoco merecía la pena volver a casa, si en ella no se hallaba ya su madre. Aquellos muros, el salón de baile, los dormitorios y la torre, sin su madre habían perdido todo su valor. Porque la casa natal, sin la madre, no es nada. Allá está la casa de uno, donde está la madre, sea cual sea el lugar, haya o no haya paredes en torno.

Lisardo no se privó de alentar las propias esperanzas. Creía en el poder del deseo. Sabía que el valor de las cosas no estaba fuera de él, sino que se lleva dentro, como se lleva el tiempo o la culpa, y pensó que, a fin de cuentas, no somos otra cosa que nuestros deseos, repitiendo en voz alta, como una oración mágica, la frase: tanto más serás cuanto desees, tan lejos llegarás cuanto imagines.

Saldría de allá vivo para vender la casa, estúpidamente retenida por un impulso retrógrado, enfermizo.

Aceptaría la oferta de la Compañía Hidroeléctrica, que reclamaba el solar y los terrenos a cambio de buen dinero y una ventajosa concesión de abastecer de repuestos de circonio al reactor de la Central Nuclear que allá iba a levantarse. Con ello, ampliaría la Fundición de Aceros Moldeados, para convertirla en Fundición de Aleaciones de Circonio y Aceros Especiales. Era joven, gozaba de buena salud y tenía arrestos para ensanchar el patrimonio, pues ya era hora de desbancar de la regencia del negocio a la gurrumina y encrestada tía Melisenda.

Le hizo abrir los ojos un aliento próximo a su mano. El hombre tirado en el suelo había salido de la tiniebla, recuperando la forma. Ya no era fardo gimiente, ni bulto ciego, sino figura humana embarazada de sogas, que se inclinaba para mirarle de cerca el anillo. Lisardo observó su aspecto, le recorrió despacio la figura, reconociendo bajo las piltrafas de hombre al martirizado anoche con cables eléctricos.

Aun debajo de ese género de barbas crecidas durante un tiempo insuficiente como para hacerle hombre barbudo, dejándole meramente en hombre sin afeitar, esto es, en hombre con aspecto de culpable, Lisardo reconoció unos rasgos que no le eran del todo ajenos. Se miraron a los ojos y el hombre, ahogado por la fatiga, quizá por el dolor que aún llevaba dentro, le preguntó si aquel anillo había pertenecido alguna vez a una mujer llamada Griselda. Un resorte le saltó a Lisardo en el pecho.

–Porque, en tal caso –añadió el hombre–, tú tienes que ser Lisardito.

Entonces supo Lisardo que nada es casual en la vida; que en alguna parte está ya recorrido lo por recorrer; que *azar* es una ilusoria manera de denominar esa clase de cadenas circunscritas bonitamente al propio destino;

que huir del destino, evitarlo, es igualmente someterse a él, cumplirlo.

–Soy el alférez Montes de Barbanza –dijo el hombre, y se corrigió–: Bueno; soy el capitán Montes de Barbanza.

Y Lisardo vio, bajo la barba y greñas, la pálida tez, el pelo engomado y las afiladas facciones del hombre del bigotito, que le arrebató a su prima, dejándole entre las manos unas infamantes ganas de matar.

Quiso ser un gesto despectivo, a tiempo rectificado, la sonrisa del capitán Montes de Barbanza, cuando Lisardo le preguntó por Griselda: algún calificativo desdeñoso por la mujer olvidada debió quedar atrapado entre los labios del capitán, al advertir en la penumbra la clase de brillo con que se iluminaron los ojos de Lisardo, a expensas de los raudos fogonazos del sol, que iluminaban fugazmente el interior de la camioneta. Y por ellos vio pasar el capitán recuerdos vivos y reproches no pronunciados: «En el cementerio, el día que enterraron a mi madre, se separó de ti para abrazarme. Dio media vuelta y tú la tomaste del brazo. Ella volvió la cabeza para sonreírme antes de desaparecer en el interior de su automóvil que tú conducías. ¿Por qué no volviste tú también la cara para mirarme, para reírte de mí, para hacerme una seña de triunfo, de burla?

–Yo no sabía que la querías tanto, que estabas enamorado de ella, si cabe tal expresión para referirse a un amor infantil, a unos celos de niño –dijo el capitán Montes de Barbanza–, aunque nada extraños, no obstante, en quien descubriera el universo a escala de admoniciones de nurse, leídas de cuentos y travesuras de salón.

–El amor y el odio no tienen edad y rara vez se hallan separados –murmuró mecánicamente Lisardo, absorbiendo con la mirada la penumbra chispeante cruzada de ráfagas de luz–. No sé por qué estoy aquí, ni qué mano invisible me ha conducido tan exactamente.

–¿Sigues queriendo a Griselda?

–Entiéndelo. Acababa de morir mi madre, que me había enviado lejos de casa, que había dejado de quererme.

–¿Dejado de quererte? ¡Qué equivocado estás!

Y entró Montes de Barbanza en relato de frase larga, como de elegía en endecasílabos, diciendo que sólo el desbordado amor de una madre es capaz de alejar de su lado a su único hijo, que la necesitaba más que nunca, y ella a él, sólo para evitarle el sufrimiento de verla morir lentamente, de verla apagarse, caérsele el pelo a mechones, vomitar las propias heces, criar gusanos en la carne viva, aullar como un perro día y noche, ponerse de rodillas para implorar a Dios a gritos que se la llevara de este mundo para dejar de sufrir de aquella forma inhumana, y seguidamente blasfemar como una condenada a las peores penas y echarse a los pies de quien le alargaba la vida con fármacos para rogarle que la matara de una vez, pues el dolor que sentía, no mitigado siquiera por los más poderosos lenitivos, le resultaba intolerable.

Lisardo guardó un silencio respetuoso, que duró un largo rato, afrentado sólo por las voces que venían de fuera, el traqueteo de las ruedas al girar sobre el empedrado y el gemido de un violento frenazo, que largó a los dos hombres contra la cabina.

–Y si tampoco te dejaron verla muerta –concluyó el capitán– fue porque no hubieras reconocido en aquel esqueleto retorcido y pestilente, un sólo rasgo de la bella mujer que fue tu madre en vida.

Se alzaron bruscamente los toldos de la camioneta. Cegado por la luz, apenas pudo Lisardo distinguir el perfil de Teodoredo, que le ordenaba bajar deprisa, metiéndole el fusil en los riñones.

Lisardo se apeó vacilante, como un tullido, y se vio en medio de una plaza agobiada de sol, en la que se afirmaba el estío, y fue llevado otra vez a un Consistorio similar al dejado atrás esa misma mañana, y de nuevo conducido por zaguanes y salones devueltos a la sombra y la ceguera de una forma punitiva, que a Lisardo, ardido de ojos por tanto acomodarlos de tinieblas a sol y de sol a tinieblas, le pareció pretendida y maliciosa.

En una gran estancia con banderas desconocidas para Lisardo (donde había algún pendón violeta, quizá relacionado con pasadas guerras de Castilla, y otros con siglas bordadas y emblemas muy nuevos), le recibió un hombre obeso, con cara de una de esas clases de perros que se parecen a personas que conocemos, que estaba sentado en el borde de una mesa, junto a una mujer a medias ataviada a lo militar.

Teodoredo presentó a Lisardo como sospechoso de merodeo, tal vez de espionaje, en todo caso como no afecto, que se supiera, a la Causa. Lisardo preguntó que qué Causa y fue el gordo entonces el que le metió un cuchillo por la boca. Lisardo se sintió físicamente aislado del Universo. Sólo aquellos que han padecido asma podrían comprender el horror de aquella sensación.

La mujer, más afable, apaciguó al gordo, que no acababa de cerrar las compuertas de un torrente de maldiciones, y encendió un cigarrillo para Lisardo, que lo aceptó en silencio, aunque él no era muy de tabaco. Tuvo que escuchar un largo discurso sobre la generosidad de la que le hablaba y la aplicación de una benevolencia de los suyos, que no habían de «dar el paseo» a quien no se le hubiera probado delito, por muy en guerra que se estuviera.

Cuando finalmente la mujer le preguntó si deseaba seguir con vida, a Lisardo se le llenaron los ojos de unas tiernas humedades, y por descontado que cuando volvió a preguntarle la mujer que de qué parte estaba en aquella refriega, si de la de «los nuestros» o de la de «los otros», Lisardo contestó con voz entrecortada que de qué parte iba a estar, sino de la de «los nuestros», pensando que no hay diferencia de raza o de estado tan profunda, como la diferencia entre los que nunca han sentido un cuchillo en la boca y los que lo han sentido.

El gordo, más entrado en razón, terminó al fin ordenando a Teodoredo que diera la oportunidad a aquel infeliz, que tosía con el cigarrillo como un colegial, de demostrar que no era de «los otros» y de poseer una «generosidad para el sacrificio» que, hasta los gatos, pensó Lisardo, sabían que tenía más de lo segundo que de lo primero.

XVIII.   UNA PISTOLA EN LA SIEN

Teodoredo agarró a Lisardo por el brazo y lo condujo de nuevo a la luz cegadora de la plaza y lo metió a empellones en la camioneta. Pero esta vez se le asignó un lugar en la cabina, junto al tal Leoncio, que puso el motor en marcha para dirigirse a «la montaña», según le ordenó Teodoredo.

Avanzaron raudos por la planicie pelada, hacia un lugar más elevado, al parecer tenido por «montaña» entre gentes de una tierra tan lisa que se la veía combarse a sus pies. A Lisardo le dio vértigo el paisaje. El horizonte se precipitaba hacia ellos como si la camioneta, en lugar de avanzar, se hallase parada y fuese el suelo el que había emprendido un vertiginoso desplazamiento hacia atrás, por debajo de las ruedas. Volvió la cara, para mirar al in-

terior de la camioneta. Apenas pudo distinguir el fardo
humano tirado en la oscuridad.

–Ahora voy a darte una pistola –le dio un codazo Teodoredo, entregándole un arma maciza, pesada, que le
hundió la mano extendida para recibirla–. ¿Has disparado alguna vez?

Y llamándole «compañero», le dijo que era muy fácil.
Sólo había que apuntar «al cuerpo» y apretar el gatillo.

–Ah, y quitar el seguro –añadió–, moviendo esta pa-
lanquita –la señaló con el dedo–, hacia abajo –y lo hizo–.
Ahora está lista.

A punto estuvo Lisardo de arrojar la pistola al suelo,
como quien se sacude de encima un reptil venenoso. La
frialdad repulsiva de aquel artefacto con la muerte dentro le provocó una desagradable sequedad en la boca.

–¿O es que no has visto matar? –le miró fijamente
Teodoredo a los ojos, con una jactancia en las cejas que
Lisardo había visto en otra parte, como si, en aquel alargado momento, todo lo que fuera a ocurrir ya hubiera
sucedido antes.

–Sí –respondió–. Una vez presencié un fusilamiento.

Y le pareció oír las palabras que alguien había dicho
a sus espaldas, mientras él se asombraba de que los ojos
del muerto le mirasen desde el suelo, aun después de
coagulado entre las cejas el botón rojo del tiro de gracia:
«Ya viste lo fácil que es morirse. Parece lo más natural.
Uno se queda quieto y no es necesario siquiera cerrar los
ojos.»

La camioneta trepó por un camino zigzagueante, que
bordeaba la colina y ascendía entre matojos. El paisaje
se mudó de pronto, y eran encinas nacidas de las escar-
pas las que lo convertían en recóndito y misterioso.

Conforme el hierro de la pistola se templaba con el
calor de la mano, Lisardo iba entendiendo que decir

guerra era lo mismo que decir que cualquiera estaba por matarte, y que si veneno es antídoto de veneno, aquel artefacto capaz de matar podía igualmente salvarle la vida. Y pensó que demasiado confiado parecía Teodoredo en el nuevo «compañero», y ausente el tal Leoncio, con las manos al volante y los cinco sentidos en las curvas del camino. Y pensó también que aquella podía ser una inmejorable ocasión de matar y huir.

¿Sería capaz de matar y huir? ¿Matar a sangre fría a dos hombres que tal vez aguardaban el fin de la guerra para volver, ellos también, junto a sus madres; y huir hacia no sabía dónde, con dos muertes adeudadas a no sabía quiénes, uncidas por siempre a la conciencia?

–¿A dónde vamos? –se atrevió a preguntar.

–A ninguna parte –le respondió Teodoredo.

Lisardo protestó que siempre se a va a alguna parte y el otro le respondió que cerrara el pico, que a él no le importaba a dónde iban, y que sólo debía saber que iban a prestar un servicio a la Causa.

«Otra vez la Causa», pensó Lisardo, pero no se atrevió a indagar qué Causa, pues aún le sabía la boca al hierro del cuchillo.

–Te he dado una pistola –dijo Teodoredo–. Lo demás depende de ti.

–¿Qué es lo demás?

El tal Leoncio, que parecía ajeno a la conversación soltó una carcajada que no era risa de la buena, sino nervios, y frenó en seco. Teodoredo bajó de la camioneta desperezándose, mientras el otro se volcaba en el gaznate una cantimplora de algo más que de agua, que pasó luego a Teodoredo y a Lisardo, como en un rito de hermandad.

Sonó el aliento exhalado por los hombres tras el lamparazo, los chasquidos de la lengua satisfecha, la brisa en las hojas del encinar y alguna chicharra que apagaba el canto al deslucirse el sol a la caída de la tarde. El tal Leoncio abrió los toldos de la camioneta y arrastró al capitán Montes de Barbanza por los pelos, para arrodillarlo al borde del camino.

El tal Leoncio explicó entonces a Teodoredo, con alguna maligna retórica, que tenía ciertas dudas de que el «nuevo compañero» fuera de «los nuestros». A Lisardo le inquietaron aquellos tonos de un sarcasmo referido a él. Teodoredo, aspaventoso, respondió al otro con mucho soniquete que por qué creía semejante cosa, que el «nuevo compañero» era de fiar; no había más que verle una sonrisa sin caries, que le acreditaba como hombre de palabra.

—El compañero ha dicho que es de los nuestros y no hay más que hablar —concluyó Teodoredo demasiado escénicamente.

—Aun así —dijo el otro, y escupió a un lado—, siempre dudé de la gente con demasiada buena dentadura.

—Ya lo has oído —dijo Teodoredo a Lisardo—. Tendrás que ganarte la confianza de este cabezota.

Lisardo les miraba atónito (como el Bosco podía haber presenciado que los deformes seres de *Las Tentaciones de San Antonio* abandonaran el cuadro para encararse al pintor), ignorante de a dónde querían ir a parar aquellos dos monstruos. ¿A dónde? Temiéndolo estaba. Porque Leoncio le salió con que debería ejecutar allí mismo a «este enemigo» (y señaló al hombre arrodillado en la cuneta), para demostrar su fidelidad. Y añadió que su franqueza le obligaba a declarar que él consideraba esa manera la mejor, aunque claro que había otras.

Lisardo estuvo tentado de volver el arma contra aquellos verdugos, pero la mano debe tener su sabiduría

propia cuando niega a la sangre sus razonables veleidades. La pistola se le escurrió, sin sentirlo, entre los dedos
sudorosos y cayó al suelo. Pero fue ese mismo impulso
de la sangre el que le hizo arrastrarse para volver a tomar
el arma y ponerla en la sien del capitán Montes de Barbanza, pues había entendido de pronto que aquella pistola le acompañaba desde el instante remoto en que deseó matar al hombre que se llevó a su prima Griselda
tomada por la cintura. A sus pies estaba ahora la esclava
realidad de aquel deseo.

A Lisardo le temblaba la pistola, hasta el punto de
que la boca del cañón golpeaba la firme sien del capitán,
tenida ahora tan cerca que hubiera podido contar en ella
las redondas alzadas en cada vello, que los poros habían
exudado de repente. Para que no volviera a escapársele
de la mano, la asió con los dedos contraídos, aferrados
con demasiada fuerza a una culata huidiza y a un gatillo
bien engrasado, cuando Montes de Barbanza, sin mover
la cabeza, volvió hacia Lisardo los ojos, extrañamente
ajenos al temor.

–Hazlo –le dijo–. Sólo impresiona la primera vez.
Después, cuando se sigue matando, ya no pesa en la conciencia.

–Si no lo hago –se excusó Lisardo, asustado–, me ma-
tarán también a mí. ¿Para qué dos muertes?

–Pero has de saber –dijo el capitán con la fantasía
que da saberse a punto de morir–, que cuando se mata
una vez no hay que pararse, hay que seguir matando. Un
muerto, únicamente se olvida con otro muerto, hasta
que el remordimiento, encharcado en sangre, se hace
costumbre.

Oír de pronto una detonación, y otra y otra, y ver alzarse el polvo en torno, y caer Leoncio ensangrentado, y
venírsele encima una tropa, y rodar él también por tie-

rra, y sentirse atar de manos a la espalda en una gran confusión, y ver al reo saludado a lo militar, por quienes le habían reconocido a pesar de hallarse demacrado, sucio, agónico y casi en cueros, a Teodoredo le pareció mentira.

Los recién llegados cayeron también sobre un Lisardo abatido de hombros, casi lloroso, con el dedo aún crispado en el gatillo de una pistola no disparada, nunca sabedor, después de todo, si la hubiera usado contra el hombre que le robó un amor de adolescencia.

–¡Dejadle! –ordenó el capitán Montes de Barbanza, con cierto homérico entono, que no había cómo interpretar–. ¡Es de los nuestros!

A Lisardo le fue entregada una pala, para enterrar al tal Leoncio, mientras la tropa preparaba el regreso a no se sabía dónde, con un Teodoredo muy dramáticamente maniatado con las mismas sogas del cautivo vueltas contra él. Lisardo se echó al bolsillo la pistola y cavó deprisa, pues lobreguecía y estaban todos por llegar a alguna parte antes de que cerrara la noche.

Cuando fue a volcar el cadáver en la fosa, Lisardo se detuvo. Enredada en los cabellos del muerto, había una de las mariposas que ayer espesaban la noche. Se agachó para contemplarla de cerca. Se trataba de una de esas peludas mariposas nocturnas que tienen pintada en la nuca una calavera.

Lisardo no necesitó ver más. Desde la noche anterior, aquel hombre llevaba la muerte pregonada sobre la cabeza. Como quien toca un apestado, empujó el cuerpo con la punta del pie. Y al rodar el cadáver a lo profundo del hoyo, la mariposa emprendió el vuelo hacia las sombras, con el vello del dorso erizado y un zumbido triunfal en las alas.

XIX. CIRCUNSTANCIAS

Cuando hubo tierra sobre el difunto, se montaron todos en un camión pintado a trechos de unos ocres y verdes camaleónicos, y, a faros apagados, penetraron cautelosamente en la noche. Le pesaba la pistola en el bolsillo a Lisardo, como la bolsa de las monedas a Judas. Y de no saber que el capitán Montes de Barbanza no iba con la tropa en la caja del camión, sino en la cabina y desmayado, no se hubiera atrevido a alzar la vista de la punta de sus zapatos.

Resuelto a preguntar que adónde iban, se le contestó que a donde a él no le importaba. Y ya abierto el fuego de las preguntas, alguien muy socarrón, mirándole de arriba abajo, le dijo que qué pito tocaba un tío en edad militar y con corbata de seda en primera línea, si podía

saberse, a no ser que fuera espía, en cuyo caso, ni una palabra más, y allá no se había abierto la boca.

Perplejo se quedó Lisardo de aquella forma de ser hablado por gañanes un hombre con los diplomas aún
olientes a tinta debajo del brazo, como quien dice. Iba a
responderle de mala manera al entrometido, cuando se
pidió silencio y se apagó el motor del camión, para de-
jarlo deslizar inadvertidamente por un declive que les
depositaría sin ruido a las puertas de una ciudad de luces
apagadas, de la que a Lisardo ni se le ocurrió indagar el
nombre, por no afrontar una respuesta montaraz.

Dentro del recinto volvió a sonar el motor y, tras dos
virajes bruscos y una maniobra precisa, el camión entró
marcha atrás por una calleja ciega, retrocediendo cauta-
mente, sin volver la espalda a la boca de salida, como hu-
rón apostado en madriguera.

Antes de poner los pies en un suelo manchado de
sangre, o poco menos, ya tenía Lisardo alrededor del
hombro el robusto brazo de alguien que se ponía a su
servicio para garantizarle protección y le deshacía el
nudo de la corbata con un solo dedo, para que se hallara
«como en casa» en aquella ciudad revuelta y, por lo
visto, ensangrentada. Inmejorable ocasión de preguntar
cuál era el nombre de la ciudad, para atar cabos, y de que
el otro le respondiera con un indolente «qué más da»,
que a Lisardo volvió a desmadejarle el laberinto.

El hombre, un cuarentón que ostentaba galones de
sargento y le entraban por las bocamangas de la camisa
remangada los tatuajes que le trepaban por los brazos,
dijo que era Josafat, tendiéndole la mano. Por no contra-
riar, Lisardo dijo llamarse Lisardo y abandonó la suya al
que se la estrechó con el cuidado con que un cabrero tomaría la patita herida de un chivo despeñado, lo que no
evitó que a Lisardo le chascaran los nudillos.

–¿A dónde vamos? –preguntó al hombre que le había puesto encima un brazo con dragones y sirenas.

–A donde nos lleven los pies –repuso Josafat–, pues la noche que no sabes si será la última de tu vida, no es para perderla en dormir.

Aunque las botas de clavos de Josafat eran un rugido de advertencia en el empedrado de unas calles desiertas, entenebrecidas, patrulladas por parejas de soldados que saludaban con duplicado ahínco a quien en el brazo añadía tatuajes a galones, sin embargo había en su andar un contoneo que sugería la época de los dandis y los duelistas.

–Vamos a apostar a que últimamente venías sintiendo la necesidad de obedecer –se inclinó Josafat sobre la oreja de su protegido–, de tener a tu lado alguien que te condujera así, por el hombro.

Lisardo no estaba muy seguro de ello, pero contestó que sí.

–Siempre sucede –prosiguió el hombre en voz baja–. En la vida no hay más que dos caminos: adelante o atrás, o matas o te matan. Siempre se habla de lo terrible que es que te maten. Pero, créeme; más terrible es matar. Si te matan, dejas de saber al momento que te han matado, pero si matas, eso es para toda la vida. No pienses que yo he sido siempre así. ¡Qué va! Tenías que haberme visto en otros tiempos. Ni creas que me ganaba la vida haciendo dulces. Mi dinero me saqué dando puñetazos. Ya lo creo. Pero era otra cosa. Tampoco es que me ganara la vida de esa manera. Sólo es un decir. Me gustaba ponerme los guantes y atizar duro. Pero la verdad es que no he recibido una medalla hasta que no he matado.

Josafat detuvo el discurso y echó la cabeza atrás, para tomar una perspectiva con la que apreciar mejor el efecto de sus palabras en el rostro de Lisardo, y prosiguió:

–Bueno; tampoco es que haya recibido una medalla. Simplemente he sido propuesto por mis superiores para una cruz con hojas de laurel.

A Lisardo le gustaba el laurel en el arroz blanco, como lo recordaba de tiempos de infancia, cuando atravesó una disentería de verano. Y no sabía por qué, pero de pronto comenzó a sentirse seguro junto a aquel hombre, en la noche de la ciudad sitiada, donde todo se resolvía en las sombras: al paso de los dos hombres, una sombra huyó fugaz de la sombra de una esquina, y de una sombra surgió la voz de alguien que ofrecía en secreto tabaco rubio, café ultramarino y algún aguardiente, sin dar la cara.

–No creas que las cosas son de esta o de aquella manera porque sí –continuó Josafat, enzarzándose en circunloquios y disquisiciones–. Todo es según como se mire. Un gato negro es más negro sobre la nieve que dentro de una carbonera. El hombre es una cosa u otra según las *circunstancias*. –Y añadió, bajando la voz–: Entre nosotros; veo que vas armado.

Lisardo se sobresaltó al recordar que llevaba una pistola en el bolsillo. Si se había sentido seguro junto a aquel hombre, se sintió aún más seguro al comprobar que la naturaleza de lo que le abultaba el bolsillo se adivinaba a simple vista. Incapaz era de matar una mosca, pero, dadas las *circunstancias*, no deseaba parecerlo.

El peligro inminente y el solapado comercio bullían parejos en la oscuridad, en medio de un silencio de fondo marino. Porque muda fue la cuchillada que arrojó a los pies de los transeúntes a un hombre desangrado en silencio, y una bonita silueta de mujer la que, bajo un dintel iluminado por un farol muy retorcido, mostró una pantorra sin decir palabra, que a Josafat le desvió del camino, sin soltar el hombro de Lisardo.

Ni en el improvisado burdel, que no era otra cosa sino una humilde casa de vecindad, con algún almanaque del Sagrado Corazón por las pareces, se alzaba bullicio alguno. Allá eran recibidos los huéspedes por una majestuosa mujerona en pantuflas que, sin decir ni pío, los pasaba directamente a una cocina, donde lo rebosado de una apestosa cocción de coles se chamuscaba sobre la chapa, aún caliente, de un hornillo de carbón.

En un rincón, sentada en una silla, mecía su muñeca, durmiéndose ella también, una niña de unos once años, quizá doce, que se adornaba los cabellos con una flor marchita y se puso de pie urbanamente para recibir y saludar con una sonrisa formularia, de párpados cerrados, y una venia que, más que un gesto de cortesía, era una cabezada de sueño.

La mujerona sentó a Josafat y a Lisardo a la luz de una vela puesta en palmatoria sobre una mesa camilla, y les brindó de beber, acercándoles dos vasos y una botella sin etiquetas, con un matarratas que Josafat despachó temerariamente de un buche, quedándose sin aliento.

La mujerona dijo que se llamaba Clodovea y que «la casa» era muy discreta, pues en ella no admitía más que a dos varones a la vez, ya que dos eran las hijas (sin contar a Gertrudis, la niña de la muñeca, que aún no estaba en edad de amar), de las que los señores podían disponer para lo que gustasen: una, la que estaba apostada de reclamo en el portal, Társila de nombre, que subiría en cuanto se cerciorase de que «al militar y al apuesto muchacho que le acompañaba», nadie les había visto trasponer los umbrales; y otra más, llamada Gudena, que contaba sólo diecisiete años, algo flaca, pero que, eso sí, suplía en mañas lo que le faltaba en carnes.

Y dio dos palmadas para que, al punto, se apoyara en el quicio de una puerta, a espaldas de los huéspedes, un esqueleto en camisón, que se dormía de pie, con los pelos por la cara.

Társila, en cambio, era harina de otro costal. Crujieron cada una de las tablas de la escalera antes de que los hombres la vieran entrar como si la arrastrase un vendaval, cerrar la puerta con el tacón, sentarse frente a ellos sin mirarles, cruzar las piernas dejando ver alguna sólida carne de muslo entre media y falda, trincarse un vaso de lo que a Josafat le había dejado sin resuello y quedarse tan fresca, y preguntar, sin más preámbulos, lo que ofrecían los huéspedes por el concúbito.

Josafat sacó del bolsillo una tableta de chocolate y la puso sobre la mesa. Társila, que parecía llevar la voz cantante de la familia, dijo que hasta ahí podían llegar la cosas, y preguntó al hornillo de carbón que si era que ella tenía cara de tonta o qué, para que aquel julandra de los tatuajes quisiera tirárselas por una mísera tableta de chocolate.

El hombre, muy digno, repuso que no daba más, pues tampoco era un harén de Bagdad lo que se ofrecía a la vista. Y Társila, golpeándose las ancas, dijo «¡jopo!» y que ya sabían dónde estaba la puerta, que aún quedaba algún honor entre aquellas cuatro paredes que habían llegado a ser lo que por desgracia eran, desde que faltó el hombre que mataron *precisamente* los que ahora querían chinchar con sus hijas por una tableta de chocolate que ya podían ir metiéndosela por donde les cupiese.

La niña Gertrudis, que se había despabilado con las voces, se acercó a Josafat, atraída por el chocolate, y le preguntó si aquella tableta la había ganado en la guerra, recordando que en el tiro al blanco de las verbenas, también se ganaban dulces con una escopeta. Josafat le respondió que en la guerra, como en la vida, todo había que ganarlo, y por cada hombre que matabas, te daban una tableta de chocolate.

–¿Cuántos hombres has matado? –le preguntó Gertrudis.

–Por lo menos uno –respondió Josafat, poniéndole la tableta de chocolate delante de los ojos–. ¿Matarías tú a alguien por una tableta de chocolate?

Gertrudis respondió que no, y Josafat, midiéndole la estatura con la mirada le preguntó qué sería ella capaz de hacer por una tableta de chocolate. La niña miró a su madre y no supo qué responder. Entonces, Josafat sacó del bolsillo otra tableta de chocolate y la puso junto a la primera.

–¿Y por dos tabletas de chocolate?

Clodovea, la mujerona, que tenía un estar muy pensativo y que no había abierto la boca en todo el rato, dijo «se acabó», regresando a una vergüenza que ella creyó haber desterrado hacía tiempo y tomó a Gertrudis de la mano para llevársela a la cama. Pero Josafat se lo impidió, tomando a la niña de la otra mano y sacando del bolsillo otras dos tabletas de chocolate.

–¿Harías conmigo, por todo esto, lo que hacen tus hermanas con los hombres?

–Mi madre dice que todavía soy demasiado niña –repuso Gertrudis.

–Para eso nunca se es demasiado niña –replicó Josafat.

Lisardo sintió en aquel momento un nuevo matiz de la curiosidad: la curiosidad zoológica. Pero la manera que tuvo Josafat de hurgarle a la niña entre las piernas, le pareció un tanto impropia, esto dicho no en nombre de la moral, sino de la elegancia.

Fue la flaca Gudena la que alzó una sartén para descargarla, con todas las fuerzas de la desvaída sangre que le andaba por el cuerpo, sobre los sesos de Josafat. El hombre, no dándose por enterado del agravio, estrechaba entre los tatuajes a Gertrudis y a la muñeca que Gertrudis, a su vez, llevaba en los brazos.

Y la niña, acercada al botín de la mesa, alargó gloriosamente una mano hacia las tabletas, para llenarse de chocolate la boca, aprovechando el breve lapso en que Josafat ocupaba una mano, también gloriosamente, en desabrocharse la bragueta.

Al ver salir de los pantalones aquella atrevida porción de hombre, Clodovea fue hacia Josafat con las diez uñas por delante, para clavárselas en la cara. Al empellón de la mujerona, el monstruo rodó por el suelo, sin soltar a la niña, acomodando a sus anchas la postura para el estupro. Y allá fue también a salir por el honor de la familia la brava Társila, que hincó los dientes en la nuca de un Josafat épico, como un fabuloso toro de circo romano, con tres panteras a la espalda.

Aulló entonces la niña de dolor y la madre de rabia, y la flaca Gudena de impotencia, pues ya le abandonaban las fuerzas en el delirio de levantar la sartén contra Leviatán, y Társila porque la flaca Gudena, pegando a ciegas, la había descalabrado de un sartenazo.

En el fragor de la pelea, saltó por los aires, y fue a parar a los pies del atónito Lisardo, la flor marchita llevada por la niña Gertrudis en el pelo, que era una peonía encarnada. Lisardo se puso en pie de un salto. Espantado, como si la flor fuera una serpiente, un mal agüero, una sangre salpicada o un ectoplasma de otro mundo, retrocedió hasta la puerta y salió de allí caminando hacia atrás, sin volver la espalda al grupo escultórico viviente y algo confuso, titulado: *Circunstancias*.

XX.   LA MIRADA BURLONA DEL FUSILADO

El cielo, aún no surgido del todo de las sombras de la noche, se matizaba de unos sepias pero que muy sucios, premonitores de alguna lluvia. Aterido, Lisardo apretó el paso hacia cualquier parte, alzándose las solapas de la chaqueta. Amanecía un día demasiado invernal para haber tenido vísperas de manga corta, pensó Lisardo, contrariado, una vez más, de que en aquellas latitudes cambiara la estación en dos patadas.

Caminó largo rato, o al menos eso le pareció, por la ciudad desierta y ensombrecida, en la que escaseaban los transeúntes, temerosos de transgredir quedas y retretas. Podía decirse que sus calles no acababan nunca de liberarse de la noche, pues los nubarrones, con su negrura en progresión, malograban todo el virtuoso esfuerzo del alba por venir a ser día, embrollando el transcurso del tiempo. De manera que el reloj de torre que anunció las siete, dio en balde las campanadas, por no acabar de sacar realmente a Lisardo de la duda de si eran las siete de la mañana o de la tarde.

Ni hubiera sabido tampoco el hombre, por las trazas de esta calleja con miradores, aquella cuesta escalonada, ese esquinazo afilado o aquel portón medio en ruinas, (callejas, cuestas, esquinazos y portones como los de cualquier parte), qué ciudad pisaba, de no haber sido porque entre los aleros se erguían los pináculos de la catedral de Burgos, que era la catedral con más floripondios y filigranas que Lisardo recordaba haber visto en su vida.

Y aun y todo, dudó si aquella deforme ciudad, rescatada de un mal sueño, era realmente Burgos. Lisardo sacudió la cabeza. Si era Burgos o no, a saber. Lo que sí era cierto que aquella que allí, frente a él, se alzaba, era la catedral de Burgos con todos sus floripondios y filigranas.

Oyó el rodar de un camión y un ritmo de botas andadas a paso marcial, y voces de mando que ascendían por los arbotantes y se enroscaban a las archivoltas y amplificaban sus ecos en las cajas de resonancia de los patios y placitas que circundaban la catedral. Y tras esas voces caminó Lisardo, receloso de a quién demonios tendría que afrontar al doblar la esquina: si a amigos o a enemigos, sin saber a ciencia cierta qué podía calificar de qué en aquella guerra inverosímil.

Asomó la nariz por detrás de un contrafuerte y pudo contemplar, junto a una puerta con dintel de apóstoles sedentes, un rincón que no parecía de este mundo, angelizado por un hálito de claridades venidas de no se sabía

qué cielo abierto. El lugar tenía fuente, banco de madera, árbol retoñado, algún musgo trepador, para que la
piedra catedralicia tuviera por quien ser querida, y gera-
nios a los balconcitos de un lienzo de pared que cerraba
en plaza el ámbito.

Y allá vio también arrimar el culo a un camión que
sacaba de las tripas soldados obedientes a una voz que
los movía en ringleras, los paraba, les daba media vuelta
y los ponía en posición de descanso, mirando al muro de
la catedral, y que, según su honrado parecer, tenían todas las trazas de ser un pelotón de fusilamiento a la espera del reo sobre el que tirar.

–Vas a necesitar un salvoconducto para moverte por
la ciudad –dijo una voz a su espalda.

Lisardo tembló al volver la cara, para encontrar de
nuevo al capitán Montes de Barbanza, esta vez sobre un
pedestal de botas de montar, capote con cuello de piel
de chinchilla y alta gorra de plato, de morro enhiesto
para mejor mostrar estrellas y atributos, que le acrecía
notablemente en estatura. Recién rasurado y muy sonriente, sus facciones parecían haber retrocedido en el
tiempo, por obra de uno de esos inimaginables elixires
de juventud que en una noche te quitan un lustro de
encima.

–En cuanto termine la ejecución, iremos a Capitanía,
para que te extiendan un salvoconducto –dijo el capitán,
muy convencido, como quien le habla a un hijo de com-
prarle unos zapatos nuevos–. No puedes andar por ahí
expuesto a que te tomen por lo que no eres.

Partió un suspiro de alivio de la pechera de Lisardo.
Por un momento se le había cruzado por la cabeza la
idea de que era a él a quien iban a fusilar. La verdad que a
aquel hombre que, ayer mismo, sintió en la sien la boca
del cañón de la pistola de Lisardo, no le faltaban motivos

para empujarle contra el muro de la catedral y dar la orden de fuego a sus soldados. Pero lo que Lisardo no acertaba realmente a comprender era qué es lo que había de ser uno en aquel lugar para que «no le tomaran por lo que no era». E iba a preguntarlo, cuando vio a Teodoredo conducido hacia el muro con las manos atadas a la espalda y la frente bien alta.

Los soldados que iban a matarle se encogían de frío, dentro de sus gruesos gabanes de campaña, mientras Teodoredo, muy exagerado, abombaba el pecho, sacando un vellón muy hirsuto por la camisa entreabierta. Lo último que hizo, antes de que le vendaran los ojos, fue tender una burlona mirada hacia el pávido rictus de Lisardo, que sintió en el bolsillo de la chaqueta los ladridos de aquella pistola que no había olvidado aún la sien del capitán Montes de Barbanza.

Al parecer, todo estaba listo para la ejecución. Sólo faltaba la orden postrera. Pero el que tenía que darla, parecía querer demorarse en el espectáculo. Lisardo miró inquieto al extasiado capitán, casi reclamando su voz, con un taconeo de impaciencia.

–¿Nunca has sentido de cerca la muerte? –murmuró el capitán–. Cuando vamos a morir, todo lo chato y sabido que nos circunda, toma una dimensión especial, asciende por una escala vertiginosa de nuevas categorías.

Los soldados se impacientaban, produciendo un imperceptible susurro de roces de cueros y hebillas, que un aguacero gélido, empezado de súbito a caer, convirtió en un coro de estornudos y castañeteos de tiritona.

–De pronto –prosiguió parsimonioso el capitán–, entre dos sonidos del segundero del reloj, se abre un dilatado transcurso, en un proceso aparente de recurrencias, cuya medida escapa a las nociones de lo humano, en el que se podría leer un libro entero varias veces; el

sol, en cambio, anticipando el ocaso, se precipita inde-
seablemente en el horizonte muchas horas antes de lo
habitual; consideramos una falta de respeto inaudita el
vuelo rutinario de una mosca; una tela de araña, que
siempre estuvo ahí, entre dos ramas de un arbusto, se
convierte en un acuciante teorema a medias solucio-
nado. Y es la capacidad de prestar esa luminosa atención
a las cosas, la que nos mortifica de haber pasado por
ellas como por algo sabido, la que nos hace mirar atrás,
querer asirnos a nuevas aristas hasta entonces no revela-
das, por las que se escurren las yemas de los dedos, las
uñas reblandecidas...

De no haber sido porque un reguero de agua de lluvia
que se le coló cuello adentro, hacia la espalda, le enchar-
caba la camiseta, provocándole escalofríos, el capitán
Montes de Barbanza aún no hubiera dado un paso al
frente hacia el pelotón. Titubeó, quizá transportado por
los recuerdos de una época más benigna, y los dedos le
retemblaron en la empuñadura, al desenvainar el sable
con el que hacer el jeribeque que da la orden de matar.

Una voz salida de alguna parte de la lluvia tensó de
nuevo a los verdugos y les hizo cargar los fusiles y apuntar al vellón, algo enmustiado por el agua, del altivo pecho de Teodoredo.

Iba a hacer el capitán Montes de Barbanza el gesto
decisivo, cuando advirtió que temblaban los puntos de
mira de los fusiles en las ateridas manos del pelotón.
Dudó el capitán que aquellos hombres entumecidos, de
índices agarrotados en los gatillos, atinaran con el bulto
del pecho, por mucho que Teodoredo heroicamente lo
ensanchara.

El capitán, contrariado, mordiéndose los nudillos,
ordenó al brigada que movía a los soldados, que diera la
orden de descanso y que se las arreglara como pudiera

para proceder a la ejecución bajo techado. Al suboficial no se le ocurrió mejor cosa que mandar abrir la puerta lateral que allá se veía y conducir a reo y pelotón al interior de la catedral.

Aquello era diferente. No había más que incorporarse a la atmósfera en la que se extasiaban los vahos perdurables del incienso, entre luces matizadas por vitrales de colores, para que al punto el cuerpo se sintiera de alguna manera confortado. Las altas bóvedas y la oquedad de los ábsides y triforios, acogieron generosamente, con toda la solemne multiplicación de sus ecos, las toses perrunas de un pelotón constipado, y los golpes de tacón de las duras botas en las losas huecas, bajo las que descansaban los pacíficos huesos de algún prelado o alguna princesa.

A Lisardo le recorrió el cuerpo un escalofrío, provocado tal vez por un súbito catarro, o tal vez por la magnitud y riqueza de la labor en la piedra, atribuible a ganchillo de ángeles, más que a cincel de canteros, o tal vez porque le habían quitado la venda de los ojos a Teodoredo, para que no tropezase con un escabel o se abriese una ceja contra una nervatura del gótico, y el reo le miraba de una manera que parecía burlarse ya desde el otro mundo.

–¿Te acobarda verlo? –le preguntó el capitán Montes de Barbanza, al advertir que Lisardo desviaba la mirada, para aplacar el nerviosismo en lo sagrado del recinto.

Pero he aquí que en mármoles esculpidos, maderas polícromas y lienzos mohosos, el templo mostraba por paredes y altares una historia del Cielo echada a competir, en pavores, con la de esta Tierra. Porque, en aquel lugar, la imagen que no asomaba al retablo un corazón herido, se veía en óleos exhibiendo saetas que le atravesaban la carne; y había mujer que llevaba en bandeja las

En las alas de las mariposas

cercenadas ubres, y la había que mostraba en la palma de la mano dos ojos sangrantes, los suyos propios, recién arrancados; por no hablar de suplicios de cruz, degollina de críos, cabezas cortadas o ánimas implorantes, puestas al fuego a los pies de una Señora de muchos escapularios.

–Estos son templos de Muerte, más que templos de Gloria –dijo Lisardo–, panteones de lo macabro, levantados para aterrar, en memoria de la sangre, lugar bueno para una ejecución.

–A la mayor parte de nosotros nos resulta difícil creer que, en el fondo, amamos el espectáculo de la sangre –respondió el capitán Montes de Barbanza–. Y es fama que en la guerra, alguna vez, los mismos generales han tenido una sensación así. Pero antes de que organicemos un baile de celebración por nuestros sentimientos, recordemos que hoy no se nos dan muchas oportunidades de presenciar una ejecución pública. Sin embargo, cualquier procesión de Viernes Santo reúne más curiosos en torno a sus flagelantes que a los pastorcillos cantadores de motetes en Auto de Reyes Magos, por fiestas de Navidad.

Contra un altar donde un anciano penitente de caoba y panes de oro se hería los pechos con una piedra, fue colocado Teodoredo. No pudo ocultar Lisardo, con un aspaviento, el alivio sentido al ver que, por fin, al condenado le vendaban los ojos. El pelotón se llevó de nuevo los fusiles a la cara.

–¿Me hubieras matado? –preguntó en voz baja el capitán a Lisardo, metiéndole los labios en el oído, como una alegoría de La Conciencia.

–Si lo hubiera hecho, ahora me sentiría un cobarde, por haber disparado contra un hombre indefenso.

–Igualmente cobarde eres, por no haberte atrevido a

matar a quien te arrebató a la mujer que amabas –dijo el capitán, alzando el sable para prevenir a sus hombres que se avecinaba la postrera señal.

Por poco Lisardo cayó también al suelo, cuando sonó la descarga que derrumbó a Teodoredo en las losas e hizo estallar un vitral poco hecho a ruidos mayores que los del registro de bombardas de la cañutería del órgano. El valor estético de la escena quedó hasta cierto punto oscurecido a última hora, porque un olor a excrementos invadió el ámbito, y una mancha parda, escurrida por la pierna de uno de los soldados del pelotón, que mataba por primera vez, ofendió el suelo sagrado.

En el gran silencio que sigue a las explosiones, un carillón dio las nueve. Y los humos de la pólvora, al diluirse en los del incienso, dejaron ver, en lo alto de un rosetón del gótico, las muecas burlonas de un muñeco que, asomado grotescamente a la ventana de la esfera del gran reloj de pared, abría y cerraba la boca, como riéndose, a cada campanada.

XXI.   UNA BALA EXPIATORIA

Lisardo abandonó la catedral metiendo la cabeza entre los hombros y caminó deprisa, como a quien le urge dejar atrás un cuerpo en el que se ha hundido un puñal. En el pecho se le mezclaban remordimientos, dudas y enojos, en un turbión de oscuras emociones que le hacían sentir bajo las hombreras la joroba de Quasimodo, en la sortija los venenos de los Borgia, en una mano la sombría calavera del alegre Yorick y en la otra una homicida quijada de burro, como la que alzó Caín contra su hermano.

Hubiera echado a correr, de no haber visto rondas de soldados por todas partes, que podían pedirle en cualquier momento aquel dichoso salvoconducto del que mucho oía hablar, pero que nunca acababa de serle ex-

tendido. También la ciudad asistía a una inacabable pro-
liferación de patrullas de muchachos de oscuras camisas, bota de mucha caña y correaje terciado al pecho,
que miraban con no pocos aires de desafío. Violenta y
peligrosa le pareció la situación a Lisardo, y su propio
instinto le hubiese pedido telefonear cuanto antes a la
policía, de no haber sospechado que la policía eran precisamente ellos. Y sintió un miedo que no le desapareció
insultándose a sí mismo, calificándose seriamente de
lerdo, apocado y cagueta. Tal vez él era también uno de
esos seres despreciables a los que más les valía, como a
los malhechores bíblicos, atarse al cuello una rueda de
molino y arrojarse al fondo de la mar. Y como el miedo
es algo parecido a un cosquilleo que te trepa por los col-
gajos de la ingle, a aquellas partes era a las que él debía
atarse la famosa rueda de molino y arrojarse a una mar
que, por fortuna para este pecador, distaba lo suyo de
Burgos.

Se sintió solo, dejado de todos, con más ganas que
nunca de volver a su casa, tibia de presencias queridas,
demoradas en las costuras de un camisón recién desves-
tido, en el álbum de estampas de abuelos abierto entre
muslos de madre, en los aromas de palomar, del que
eternamente el viento arrancaba olores de mijo y de
guano, y una lluvia de plumón que se confundía, allá por
abril, con las tormentas de vilano levantadas del more-
ral y caídas como una inopinada nieve de algodón. Y la
cocina, donde hallaba a la sudorosa marmitona, metida
en zafios delantales, siempre abismada en vahos de nati-
llas y buñuelos, vueltos a olfatear con deleite, después de
haberlos olvidado, al regreso del paseo vespertino; olores que Lisardo asociaba con los del acetileno de un
viejo quinqué, y el sonido del metal de la cuchara en el
plato, y los contornos de aquel libro de los viajes de Gu-

lliver, que alzaba, como por arte de tramoya teatral, gigantes y enanos recortados en cartón y puestos en pie al abrirse de las páginas.

De un tiempo a esta parte, Lisardo se veía necesitado de protección. Él no estaba hecho a la brusquedad de los tiempos que corrían. Había menester de un brazo fornido y un firme carácter que le condujese fuera de allí y le abriese paso entre los muros de sangre de aquella Troya.

Y le ocurrió pensar en el sargento Josafat. La actitud de aquel hombre no le había parecido en modo alguno tolerable. El caso era que Josafat resultaba brutal y todo lo que se quisiese, pero aun y todo había algo en él por lo que Lisardo se sentía atraído: los tatuajes quizá, la ausencia de remilgos, el desprecio por la muerte, su forma de dejarse arrebatar por los impulsos de volcar a las mujeres.

Es más; sólo un hombre como aquél podía sacarle de allí, devolverle a casa. Le buscaría por todas partes, le ofrecería un empleo, le pondría al volante de un Bentley que mucho habría de agradecer a Dios si lo hallaba aún en uso, por no decir sin despanzurrar por alguna metralla.

La lógica le condujo a pensar que podría encontrar al hombre allá donde lo dejó la noche pasada, aunque difícil cosa sería rehacer la madeja del camino por un dédalo de callejuelas de las que había podido salir gracias a la referencia de los pináculos catedralicios, propuestos al extraviado caminante como luceros del alba.

Incierta, al andar, se le representó, de vuelta, la pequeña rúa de los miradores, inconsistentes los escalones de la costana, y el recodo, que pareció reblandecerse, cambiando de postura, al doblarlo para enfilar esta calle mal recordada o aventurarse por aquel portón, por el

que juraría haber pasado, si no fuera porque acababa
de jurar, hacía un momento, haber pasado por aquel
otro.

Pero la calle tenida ahora delante, y la casa con el farol muy retorcido en el dintel de la cancela que, aunque
vista a plena luz, parecía menos cochambrosa que
anoche, fueron reputadas por la calle y la casa verdade-
ras, donde dejó al sargento Josafat forzando a la niña
Gertrudis. Curiosamente, animalitos de caramelo, (cer-
ditos, elefantes, jirafas de todos los colores), se vendían
esta mañana en el lugar donde ayer se traficaba en tabaco, en café, en licores y en esa carne que no se lleva al
plato.

Lisardo se dispuso a remontar las escaleras. Pero
puesto que, al parecer, era una niña a la que había que
desagraviar, no llamaría a la puerta con las manos vacías
para preguntar por el paradero del agraviador. De modo
que compró un cucurucho de aquellos animalitos de caramelo, que le costaron a un precio, si se le perdonaba la
exageración, tan alto como si lo fueran de verdad.

Contrariando las apetencias de Lisardo, abrió la
puerta un hombre de camisa arremangada, muy familiar
en su estar allí, que al ser preguntado si podía verse a la
dueña de la casa, respondió que «el dueño de la casa» era
él, pero que si por quien preguntaba era por su esposa,
ella había salido al mercado.

Lisardo indagó entonces si en aquel hogar había alguna niña, y el hombre, a la vista de los animalitos de caramelo, le tomó por un vendedor ambulante de golosinas.

–Para dulces están los tiempos –meneó la cabeza el
dueño de la casa, despidiéndole con un portazo que a
poco le da en las narices.

En el ademán de cerrar la puerta, a Lisardo le pareció entrever detrás del hombre una muñeca en manos de una niña algo flaca para ser la niña Gertrudis, pero que muy bien podía ser su hermana Gudena con algunos años menos.

De nuevo en la calle, se le ocurrió que el lugar más adecuado para obtener noticia de un sargento era un cuartel. A unos soldados les preguntó por el más cercano. Le señalaron un convento medieval, con centinelas a la puerta, que servía de residencia militar. Gente acomodaticia la que hace las guerras, pensó Lisardo. Porque al indagar allí por el sargento Josafat, le respondieron que se dirigiera a la biblioteca que se veía enfrente, que hacía las veces de cantina de suboficiales, donde, a su vez, le remitieron a un antiguo hospital de fachadas barrocas, erigido en Capitanía, y de allí a un hotelucho de mala muerte, convertido en Hospital de Urgencias.

Muy maltrecho debía de haber quedado Josafat de la pelea con mujeres, para que todos los rastros condujeran hoy a las puertas de aquel turbador hormiguero de descalabros, del que entraban y salían raros insectos envueltos en vendas o apoyados en bastones, cuando no conducidos en camillas o empujados en artefactos de ruedas.

Los vestíbulos atareaban monjas de caridad y precipitaban médicos salpicados de una sangre que aún no había pardeado en las blancas batas. No sabía Lisardo a quién dirigirse para preguntar por el sargento, cuando a sus espaldas oyó pronunciar su nombre.

La cara de la enfermera que le sonreía entre la gente, le resultaba familiar. Echó mano de los recuerdos inmediatos, y no hubiera adivinado el nombre de la mujer que se escondía en aquellas ropas, de no haber visto asomar por los bordes de la cofia los lóbulos perforados de unas bonitas orejas.

A poco grita: ¡Griselda!, queriendo decir Casandra, en un trastrueque de las ces, ges, eses, des y erres de ambos nombres, cometiendo un desliz que a ciertos psicólogos vieneses, muy en boga por entonces, les hubiera parecido que iba más allá de un mero lapso de la lengua. Y cuando se hubo salido de los abrazos, suspiros y efusiones, Lisardo, con voz cuarteada por la emoción, le ofreció el cucurucho de animalitos de caramelo.

–¿Para mí? –palmoteó la muchacha–. Gracias por haberte acordado.

Casandra habló con la boca ocupada por un elefantito verde. El periplo de la muchacha en Burgos, no encerraba mayores misterios. Una enfermera en una guerra carece de bando. Comodín de todas las barajas, allá está donde hay matanza, y vio caer a estos y aquellos, presenciando ayer la muerte de un herido de anteayer, de la misma manera que hoy era testigo de la muerte del que ayer lo hirió, refrendaria de un insano ciclo de devoraciones del que era mejor no hablar en el hermoso instante de hallar con vida a un amigo que se recordaba conducido con fusiles en la nuca.

Hubo más abrazos, e intercambio de exclamaciones y pormenores, y manifestaciones, por parte de Lisardo, de su resolución de partir cuanto antes, de huir de allí, de volver a casa, donde le esperaba su madre, para lo que necesitaba el concurso de un sargento amigo, llamado Josafat, hombre arrojado donde los haya, muy hábil y algo influyente, dejado herido en alguna parte de la ciudad.

Casandra echó mano de unos papeles amarillos, garrapateados con tintas desvaídas, en los que constaba la relación de altas y bajas del Hospital de Urgencias.

–Aquí está –dijo–. Contusiones varias en una pelea

con tres matones de cantina: bocados, arañazos y golpes de rodilla en partes bajas.

–¿Matones de cantina? –murmuró Lisardo.

–¿Era un tipo grandullón, con el cuerpo historiado de tatuajes? –preguntó la muchacha, echándose a la boca un cerdito encarnado–. Esta mañana le hice la última cura de un terrible magullamiento que le afeaba la sirena del brazo izquierdo, antes de largarlo de aquí lleno de esparadrapos.

Y poniendo los ojos en blanco lo recordó como un hombre que ella no sabía si tenía encantos morales, pero que de los corporales hacía buen uso con las enfermeras. Y viendo acercarse por el corredor a una monja con el carrito del rancho de enfermos, le dijo a Lisardo que allí tendría algo de comida y también una cama, no muy cómoda, pero cama al cabo.

Lisardo tomó el abollado plato de aluminio que la monja le tendía y recibió un cacillo de un potaje de nabos tan pestilente que le hizo excusarse, en última instancia, de su falta de apetito, pues «acababa de almorzar». El lecho, en cambio, para descabezar un sueñecito, lo aceptaba gustoso, pues llevaba más de una noche en blanco.

Fue puesto en una habitación oscura, con dos camas, una de ellas ocupada por un herido quejumbroso. Se acostó sin desnudarse y Casandra le deseó unos buenos sueños, besándole de una manera maternal en los párpados. Pero entre que la estancia olía a yodo, orines y vendas sucias, y que estaba empapelada de flores que eran orquídeas, pero que a la poca luz asemejaban siluetas de vampiros, y que el herido, que debía ser un fusilado a medio fusilar, agonizaba lamentándose de la mala puntería del piquete de ejecución, Lisardo no se atrevió a cerrar los ojos.

Velándose a sí mismo, evitaba el sueño con pellizcos en las mejillas cuando los párpados se le caían, complacido de que los muelles de la cama del moribundo o la roída de un ratón en las tarimas del suelo, le mantuvieran despabilado, porque sabía que el sueño y la muerte, en algunos lugares, se confunden, haciéndose la misma cosa.

Custodio celoso de la propia vigilia, en el miedo de Lisardo se mezclaron entonces las palabras de quien le llamó cobarde, la mirada burlona de un ajusticiado, el terror contraído en el escroto y el peso de aquella bala nunca salida de una pistola llevada en el bolsillo de la chaqueta que, ahora, antes que darle confianza, le gravaba la conciencia con toda la severidad del remordimiento de no haberse vuelto contra el que le obligaba a disparar sobre un inocente, ni haber punido a quien le había arrebatado a su prima Griselda.

El miedo le provocó ganas de orinar. Se vio atareado en levantarse de la cama, en arrastrar los pies por un pasillo sin ventanas, empujar un batiente muy manchado, desabrocharse, botón por botón, una bragueta misteriosa como una cueva encantada, que volvió a encararle a un aterrado cosquilleo de testículos, que no había perdido su horrible vigencia.

El acto de extraer la pistola del bolsillo y de ocuparse detenidamente en quitar el seguro, le devolvió la calma. Dirigir el arma contra los órganos que él se sentía indigno de llevar entre las piernas, le alivió el resquemor. La misma bala que probó su cobardía en la sien del capitán Montes de Barbanza, ante la mirada insolente de Teodoredo, iba a redimirle para siempre de la vergüenza.

Lisardo abrió bien las piernas, se apuntó con cuidado a los testículos, para no herirse más de lo estrictamente

necesario, y parodiando tal vez al infeliz muchacho medio inventado por el poeta Goethe, dijo: «¡adiós, adiós!» y
apretó, liberado de pesares, el gatillo. Pero la bala no salió. Sorprendido, casi contrariado, volvió a apretar el gatillo una y otra vez, en busca de una bala expiatoria que
no existía, porque la pistola que Teodoredo le entregó
para obligarle a matar al capitán, estaba descargada.

XXII. EL TIEMPO TODO LO DEVORA

Lisardo sonrió bobaliconamente a la pistola, la devolvió al bolsillo, suspiró aliviado y tornó a la cama, para unir su bendito ronquido al rasca-rasca impasible del ratón y a los estertores del moribundo.

Creyó haber dormido un mes entero cuando, al contacto de uno de esos besos en la frente que convierten las ranas en príncipes, le hizo abrir los ojos. Inclinada sobre él estaba Casandra, que había cambiado el uniforme de enfermera por un ligero vestido de popelín, pensado para dejar adivinar el cuerpo y que hizo abrir un ojo al tío a medio fusilar, para mirarla como a toda mujer le gusta que alguna vez la miren. A Casandra la acompañaba el sargento Josafat, que con las botas limpias y recién afeitado parecía otro hombre.

–Vámonos –dijo Casandra–. El sargento acepta llevarte a casa, si media una aceptable recompensa.

–Mi madre es muy generosa, y ya debe estar deseando verme entrar por la puerta –exclamó Lisardo, poniéndose en pie de un salto.

–He pensado que necesitarías mudarte de ropa –dijo la muchacha desenvolviendo su gran pañuelo azul con una camisa y unos pantalones recién planchados–. Quizá te estén algo justos, pues casi son talla de adolescente, pero no he podido hacerme con mejores prendas. Prepararé también un buen baño con algunas sales en la habitación contigua –agregó, comenzando a desnudarle sin reservas, como una madre lo haría con su niño–. También sé dónde está el automóvil. Muy cerca de aquí hay un depósito de vehículos tomados en requisa.

Lisardo se dejó jabonar y vestir y peinar y poner perfume, y se hubiera dejado hasta plantar una moña en el tupé, como un caniche, por aquellas manos de mujer de orejas perforadas. Se echó en secreto al bolsillo la pistola, tenida ya como juguete travieso, y abandonó la habitación dejando al moribundo sentado en la cama y protestando de tanto alboroto en un lugar que más parecía un andén de estación que un hospital de urgencias.

El Bentley aguardaba en el patio de caballos de un palacio muy artístico, con blasones relevantes en la piedra de la imposta. Junto al automóvil, había dos camiones destartalados y media docena de motocicletas. Y pudo reconocer Lisardo también, en una hilera de vehículos sin estrenar, la camioneta que lo trajo y lo llevó en condición de prisionero por aquellas tierras.

Sólo se requirió el testimonio de Josafat para que el Bentley fuera devuelto a su dueño sin exigirse explicaciones. El automóvil estaba con las puertas abiertas y los capós levantados, y las chapas y níqueles deslucidos por salpicaduras de barro. Josafat se puso a la labor de darle jabón y bayeta, mientras Casandra, metida de cabeza en el maletero, ordenaba los equipajes revueltos por mano de quien pensó hallar, en tan lujoso vehículo, objetos de compromiso o de valor.

Lisardo, entretanto, atisbó el interior de la berlina, descubriendo con estupor volcada la caja de cartón que fue cofre preciado de tesoros de infancia. Pero eso no era lo peor. No pudo reprimir un grito dolorido al ver roto el estuche de las mariposas.

–¿Por qué la gente es tan mala? –se quejó el muchacho, tapándose la cara con las manos, para que no le vieran llorar.

Solícita, le abrazó Casandra, para consolarle.

–No somos buenos ni malos; simplemente, hacemos más daño del que quisiéramos –repuso la muchacha, ocupándose pacientemente de poner en la caja de cartón, junto con los otros recuerdos de infancia, los restos de aquellas mariposas quebradas, que soltaban al viento el polvo colorido de sus alas soñadoras–. Nada hay más inofensivo que salir al campo, cuando bulle de vida, y tumbarnos dulcemente en la hierba; pues bien: no moveremos la punta de nuestro meñique sin que hagamos daño a alguien.

Lisardo dio rienda suelta al llanto, al recibir de manos de la muchacha, como en urna cineraria, aquella caja de cartón con los recuerdos destrozados. Apretó la caja contra su pecho y se negó a hablar en un largo rato, sentándose en el suelo a desenojarse, mientras observaba complacido cómo el Bentley, por obra de los arremangados brazos de Josafat, resurgía más reluciente del lodo, si cabía, que como emprendió el viaje.

Cuando todo estuvo listo, Casandra rogó a Lisardo que la dejaran acompañarles, y se apearía en algún lugar

donde hubiera farándula, pues desde niña había deseado
ser heroína de comedias, y esas cosas se llevan muy dentro. Tal vez el muchacho no podía entenderlo, pero la
que nace actriz tiene el cuerpo como deshabitado. Muchas veces se han descrito almas errabundas, que pueden vivir separadas de la carne y de los huesos, pero
nunca lo contrario: unos gestos, una garganta, unos ojos
que no lo son si no sienten y no miran y no hablan sino
por las crispadas manos de una parricida Medea o por la
mirada luminosa de una Juana de Arco conducida a la
hoguera.

Lisardo que la oyó hablar contemplándole la oreja,
accedió gustoso a que subiera al automóvil. Si ella no se
lo hubiera pedido, él mismo le hubiese rogado que le
acompañara. El muchacho comenzaba a sentir una pe-
rentoria sensación de invalidez ante lo que le rodeaba,
que requería la presencia de personas que supieran manejarse por la vida con soltura, para llevarle a casa. Era
cierto que no quedaba mucho viaje. Menos de la mitad,
acaso. Pero ello no le aliviaba la angustiosa impresión de
faltarle todavía una distancia que, extrañamente, parecía no tener fin, como le sucedía a la flecha imaginaria
del filósofo Zenón, que recorriendo siempre la mitad
del trecho que le faltaba, nunca acababa de llegar al
blanco.

Casandra dijo que antes de emprender la marcha,
oportuno sería cumplir con el estómago. Entre tanto
susto y tanto desconcierto, el muchacho había enflaque-
cido como perro extraviado. Le bailaba el topacio en el
meñique, hasta el punto de que, por temor a perderlo,
hubo de trasladarlo al dedo del corazón.

Y con manos de ilusionista que saca palomas de
donde no las hay, la muchacha abrió de nuevo el gran
pañuelo azul, para repartir medianoches de queso y de

rosbif, y aquellas frutas escarchadas de fina factura, envueltas en sonantes celofanes de colorines, que llenaban la boca de saliva con sólo oírlos crepitar entre los dedos, anticipando la fiesta que contenían.

Transformación maravillosa la de Josafat, que acudió al refrigerio vestido de chófer sin haber mudado de atavío. Cómo se las arregló para convertir el uniforme militar en uniforme a secas, fue más fácil de lo imaginado. Botas y pantalones de equitación le venían que ni pintados para figurar de chófer. En cuanto a la guerrera se arrancó de cuello, mangas y hombros los galones, dejándola limpia de atributos de mando. La gorra de plato, aunque algo empinada de testa, gorra de plato era al fin, buena para quitarse y ponerse a la hora de abrir y cerrar puertas.

Y pues cambiado de emblemas, cambiado de rango, Josafat no ocupó su lugar en el automóvil hasta que no lo hubieron hecho los viajeros. Estirado y muy comedido de ademanes, puso el vehículo en movimiento y atravesó un Burgos placentero, limpio y en orden, como no pasado por la guerra, para enfilar la carretera del Norte.

–¡Cómo cambian las cosas! –exclamó Casandra.

–Y que usted lo diga –respondió Josafat–. El tiempo todo lo devora.

Metiéndose a decir que ésa era precisamente la forma de obrar del progreso de las especies: la desaparición de los individuos, la mujer se extendió en que avanzar en la vida no es otra cosa que retornar a la semilla una y otra vez, en un ciclo inacabable que nos perfecciona (no detuvo el discurso para sacar del pañuelo azul cigarrillos y una botellita de licor de absintio), y que por eso, cuando dentro de muchas eras volviese a estallar el Universo como al principio, nuestro planeta sería un poco mejor.

Casandra ofreció de lo extraído del pañuelo, sin ser aceptada e indagó si molestaba el humo, para encender un cigarrillo. Y sumida en una somnolencia agitada, preguntó al chófer que a qué hora llegarían a la villa más próxima y que lo preguntaba por si tenían a bien hacer un alto y ver si hubiera allí tropa de comediantes en la que incorporar algún papel principal.

–¿Por qué ha de haberlos? –preguntó Josafat–. Los comediantes sólo hacen estos lugares cuando hay festejos de Nuestra Señora, que suelen coincidir con la sementera.

–En la sementera estamos –dijo la muchacha, señalando los campos recién segados, que se veían pardear en la llanura.

–Entonces habrá cómicos –repuso Josafat con el aplomo de un científico que enuncia una ley muy probada.

–¡Estupendo! –exclamó Lisardo, que permanecía abrazado a la caja de cartón con las mariposas–. Me gustan las comedias. Nos pararemos donde las haya.

–No creo que debamos demorarnos –repuso Josafat–. Pero obligados estamos por la caballerosidad a condescender con los deseos de la señorita Casandra.

Lisardo escrutó por las ventanillas la planicie que se extendía a ambos lados de la carretera.

–Allá se ve un pueblo –casi gritó, señalando un remoto campanario de iglesia que despuntaba en el horizonte como un brote más del inmenso erial.

–Pararemos, siempre que nos coja de camino –dijo el chófer–. Debe saber el señorito que nos aguardan en casa.

Arrogantes le parecieron a Lisardo aquellas palabras, para venir de un lacayo. No era la voluntad de un chófer la que debía imponerse sobre los destinos de un viaje en un automóvil que sólo ocupaba en calidad de auriga, que no era de su pertenencia. Pero de un tiempo a esta parte, los sirvientes (sobre todo los que se ocupaban de su tutela), habían adquirido gran predicamento a los ojos de tía Melisenda y mandaban sobre él de una inclemente manera. Entre ellos, podía contarse a la camarista Leonela, que le había quitado la razón delante de su tía, en el asunto de los cubiertos de plata desaparecidos, que era verdad que los había estúpidamente malvendido (sabía ser severo crítico de sí mismo), para compensarse del poco dinero del que disponía para sus antojos, pero que a una sirvienta ¿qué le importaban unos cuchillos y unos tenedores que no eran suyos?

Al parecer, en la infancia hay un oscuro momento en que al niño dejan de consentírsele los deseos propios, para convertirlo en blanco de los ajenos. Y por lo visto, a él le seguían tratando como a un mocoso, aunque ya hubiera rebasado la edad escolar. Incluso la preceptora Cintia llegó a obligarle, en una tentativa medianamente coronada por el éxito, a recitar de memoria lecciones enteras del libro de Ciencias Naturales, a clasificar todo tipo de plantas recogidas por el campo y a tomarse la inútil labor de aprender a diferenciar, por la forma del caparazón, los caracoles marinos.

–En la perfección de la espiral de una numulita o de un nautilo, se encierra la perfección de todo el Universo –le había dicho la preceptora Cintia–. No olvidemos que el desarrollo espiral de la concha de algunos gasterópodos, desplegado según las proporciones del número de oro de los Antiguos, arroja idéntica ecuación de desenvolvimiento que la forma de algunas nebulosas fotografiadas recientemente.

Y él añadía para su coleto, que a la perfección de las proporciones de la espiral de caracolas y galaxias, había que sumar la perfección de las proporciones de la espiral de las tetas de su madre y de las de su prima Griselda. «Los senos», le corrigió desde alguna parte la preceptora Cintia.

Miró hacia Casandra. Reclinada en el asiento, la mujer fumaba con los ojos cerrados. El trasluz del sol le dibujaba bajo el liviano tejido el bulto de los senos, que eran como dos bonitas caracolas de mar. Los pechos de las mujeres, pensó, también se desarrollan en torno a un punto central, formando una espiral perfecta, que guarda las proporciones áureas de los Antiguos entre pezón, aréola y seno.

Como sabiéndose pensada, Casandra abrió los ojos y miró al muchacho. En ese momento, a Lisardo se le antojó que su boca y sus orejas eran idénticas a las de su prima Griselda.

—Me miras como si fuera una aparición.

—¿De dónde eres? —preguntó Lisardo.

—¿Sabes dónde está una ciudad llamada Jaca?

—En Huesca, cerca de los Pirineos —repuso el muchacho con viveza, como si se tratase de repetir una lección de geografía.

—¿Y sabes que eres un chico muy guapo? —dijo ella, con una voz que a Lisardo le pareció especialmente ronca, y que le hizo subir por la cara un flujo casi olvidado.

Hacía mucho tiempo, desde niño, que no se encendía de mejillas. Y estaba pensando que no sabía de dónde había sacado Casandra esa voz tan profunda, cuando halló sus manos entre las de la mujer, sin saber si fue él quien las deslizó entre las de ella, o ella la que se las tomó.

—Me gustaría que no te fueras nunca de mi lado —dijo Lisardo.

–Eso no es posible. A mí también me esperan. Deseo llegar a ser una gran actriz, a interpretar heroínas de Esquilo y de Shakespeare.

Lisardo le preguntó que quién la esperaba, si tenía un amante, si era tan imprescindible para ella andar por ahí representando comedias. Quizá sus preguntas no hubieran quedado sin respuesta si Josafat no hubiera frenado el automóvil en medio de una plaza de aldea.

XXIII.   LOS COMEDIANTES

La aldea estaba desierta bajo la abrasadora luz de un sol de mediodía, que caía verticalmente, como una condena imaginada por Dante. Vista de aquella manera, parecía una de esas ciudades bíblicas levantadas en barro, edificadas antes de la Historia y tenidas en pie así, aplastada por altos soles de sequía, para escarmiento de quienes han de saber que sus habitantes fueron aniquilados por un castigo venido de Arriba, que tuvo que ver con algún pecado colectivo. Si no fuera porque en alguna parte cantaba la chicharra, se diría que allí ningún género de vida perduró después de la sanción del Cielo.

Pero la falsa impresión había de romperse a los ojos de los visitantes, al ver desaparecer un gato por una gatera. Un gato no se concibe donde no haya un ratón, ni un ratón sin algún queso o cierta copia de grano. Así que, detrás de aquellas paredes, debía pervivir gente.

Esta idea le hizo a Casandra pensar en que mil ojos estaban contemplando, detrás de ventanas y celosías, el lujoso artefacto allá parado, en medio de la plaza. A no ser que el gato no existiera y todo fuese pura cavilación.

Del gran pañuelo azul, sacó la muchacha una pamela. La desplegó, alisándola con las manos, y se la colocó en la cabeza. Luego abrió la portezuela y puso un pie en el suelo. Una leve ráfaga de viento, con dedos abrasadores, le movió la falda, levantándosela por encima de las rodillas, para desnudar una apetecible porción de piel.

Lisardo le iba a rogar que no diera otro paso, que no se apeara. Pero Casandra, sujetándose la pamela para que el viento no se la llevara, se apartó del automóvil, después de rogar a Josafat que la aguardase un momento.

–No se aleje mucho, señorita –dijo el chófer–. Un lugar tan quieto, no da buena espina.

Oír sus propias pisadas fue lo que a Casandra le decidió a pararse a medio camino entre el automóvil y un rincón donde se anunciaba la taberna con letras pintadas a brocha gorda sobre el jalbegue de la pared. Ver una gallina que picoteaba confiada la tierra, en cambio, le hizo volver a caminar.

La puerta del local, que parecía de tablas, era simplemente una tela de arpillera veteada y endurecida. Por eso se puede decir que, más que descorrer, empujó aquel duro tejido, que chascó por sus pliegues, ofreciendo a la mano una casi enojosa resistencia. En la oscuridad, el sonido de unos dados rodó por sobre una mesa invisible. En el fondo del local, que era negro como una cueva tiznada de hollín, se adivinaba la presencia de personas por una tos, por lo blanco de unos enormes ojos y por una fila de dientes que sólo podían ser humanos por lo desiguales y desportillados.

–¿Es que no está habitado este pueblo? –preguntó Casandra.

–¿Y nosotros qué somos? –repuso una voz de hombre–. ¿Aparecidos?

–No mucho más –respondió la muchacha.

Los bultos tomaron volumen y Casandra se apercibió de que había tres hombres, hechos de carne y huesos, y que tenían manos y piernas, y que se hallaban sentados como si la hubieran estado esperando desde hacía mucho tiempo.

–Aún no han salido a jugar los niños, por el calor, y eso hace semejar que el pueblo está vacío –dijo el más joven de los tres, un muchacho de barba tiñosa.

Los dientes corroídos pertenecían a un viejo de sonrisa bobalicona, que ocupaba el lugar central.

–¿Y qué le trae por aquí?

–No haga caso a Emeterio –dijo otro con voz muy dulce, que la aclaró con un trago–. Sabemos lo que usted busca.

Con el sol a la espalda, la muchacha se vio desnuda al trasluz. Por eso, se apartó de la puerta. El relincho de un caballo cercano, que pateaba el suelo, la sobresaltó. Desde la oscuridad, distiguió mejor a los tres hombres, que estaban sentados detrás de una mesa baja, con vino derramado en torno a los vasos.

–Sabemos que quiere ser comedianta –prosiguió el de la voz dulce, que era un muchacho demasiado flaco para estar vivo.

Emeterio, el viejo, arrojó los dados sobre la mesa y volvió a sonreír.

–Ahora te toca a ti –le dijo al de la barba tiñosa, que

agitó los dados en el hueco de la mano y los sopló tres veces, antes de arrojarlos.

–¡Me cago en! –dijo, largando al techo un avinado aliento y mordiéndose la lengua, para no acabar de ser irrespetuoso delante de la señorita.

–¿Por qué saben que busco a los comediantes? –preguntó Casandra.

El de la voz dulce, arrojó los dados con indiferencia.

–Por estas fechas –dijo–, muchas mujeres como usted, bonitas y delicadas, paran aquí, buscándolos.

–Tomás –dijo Emeterio, y salió de un rincón un niño como de unos ocho años, del que debían ser los ojos blancos que vio Casandra en la tiniebla al entrar–. Pon más vino.

El niño obedeció, volcando una pesada jarra en los vasos, y Emeterio arrojó los dados con cierto contenido propósito. De la boca del de la barba tiñosa y del de la voz dulce, salió un gruñido de desánimo, al ver la tirada de Emeterio, como si sufrieran una gran contrariedad. El viejo volvió a tomar los dados y a echarlos de idéntica manera, y el gruñido desolado de los otros dos volvió a producirse de una forma demasiado semejante a la anterior para no ser la misma repetida por segunda vez, para dejar las cosas claras.

–Está usted de suerte, señorita –dijo Emeterio, en tonos de satisfacción–. Ha hallado lo que buscaba.

–Entonces –exclamó Casandra–, ¿están aquí los comediantes?

–La carpa la tienen levantada en la chopera, pasado el puente.

–¿Está lejos?

–No sé qué decirle –respondió el viejo, poniéndose en pie y mostrando una menguada estatura, por causa del poco largo de las piernas zambas y de la deformidad de un hombro–. Para mí nada anda lejos. Aunque nací así, soy capaz de trepar al árbol más alto y correr como un galgo, porque cada uno se las arregla con lo suyo para sacar partido de lo que Dios le pone a mano.

Ahora eran los dos mozos los que sonreían bobalicamente al oír las palabras del viejo.

–¡Tomás! –exclamó Emeterio–. ¡El aguamanil!

Vino el niño con una jofaina y Emeterio se lavó las manos y la cara con mucho esmero, restregándose uñas y orejas, como si fuera a asistir a una boda, y dijo:

–Ahora, vamos.

La muchacha le preguntó que a dónde, y el viejo, con cierta irritación, repuso que a dónde iba a ser, que a la chopera.

Abrió una puerta lateral, atravesó un establo vacío y salió al campo. Casandra le siguió, dejando a los otros dos y al niño mirándola tan fijamente que sintió que la tocaban por detrás, hasta el punto de tener que volver la cabeza para cerciorarse de que se habían quedado en la casa. Aun y todo, oyó un jadeo tras ella, y olió a vino agrio, a medio digerir, y tuvo que palparse la espalda, para comprobar que no llevaba unas manos encima.

El viejo la miró de reojo, para asegurarse de que ella le seguía. Jadeaba renqueando, inclinado sobre el hombro derecho y balanceándose sobre los pies zambos, arrastrados por un suelo abrasado, del que se alzaban briznas de paja y una ceniza oscura, como polvo de cripta. Y a punto estuvo Casandra de dar media vuelta y echar a correr en busca del automóvil. Sin embargo, la vista de la chopera le devolvió la esperanza de hallar la carpa de los comediantes. Pero, al cruzar el puente, sólo divisó dos grajos que levantaban el vuelo graznando sobre un rebaño de cabras con el eterno hambre entretenido en los brotes tiernos de los chopos.

El cabrero, un mocetón boquiabierto, de mandíbula laxa y párpados caídos, les saludó, extraviando la mirada en los pies desnudos de aquella mujer con los zapatos en la mano para caminar por una tierra en la que se hundía el tacón alto. Y un gran chivo negro volvió la cabeza para mirarla, codiciándola desde sus ojos encendidos y achinados, mientras mascaba indolente una espuma viscosa que le afilaba las barbas.

Emeterio se deslizó ágilmente por la ladera de una hondonada polvorienta, como un cráter calcinado, en el que Casandra casi cayó rodando. El viejo, sin dejar de mirarla a los ojos, se quitó los pantalones. No hay que decir que la mujer gritó. Y dejando un fragmento del vestido entre las uñas resquebrajadas de su perseguidor, inició el difícil ascenso por un declive arenoso al que mal se asían pies y manos. Alzó la vista con el fin de comprobar cuánto le quedaba aún para alcanzar la cima, cuando vio con horror que en lo alto la aguardaba el cabrero boquiabierto.

–¿Me la dejarás tirármela, si te la atrapo? –dijo el mocetón a Emeterio, con voz nasal, que a Casandra le pareció salida de los fuelles de una gaita.

–Sí –respondió el viejo–, pero después de mí, ya lo sabes. ·

Casandra corrió en otra dirección, alcanzando a trepar por una cicatriz endurecida del cráter, en la que algún fenómeno geológico había escalonado benévolamente la roca, para facilitarle la huida.

Pero no siempre el Cielo coopera por lo alto con lo que la Tierra pone generosamente a nuestros pies. Pues resultó que arriba la esperaba el gran chivo negro, que había corrido hacia allí para mostrarle, en el frote horizontal de las mandíbulas, unos dientes amarillos que le sonreían desde las alturas.

XXIV. NO ES CASUALIDAD QUE EL DEMONIO FUERA UN ÁNGEL

Lisardo y el chófer habían aguardado en el automóvil la vuelta de Casandra. Harto de esperar, el muchacho alivió la impaciencia apeándose y caminando por la plaza vacía, mientras Josafat, reclinada la cabeza en el respaldo del asiento, se abandonaba a un sueño inquieto, atravesado de convulsiones, después de haber dejado a un lado gorra y chaqueta de chófer.

Mirando para una buhardilla, al pequeño Lisardo le había parecido ver un espejo de tocador con la sombra de una mujer cepillándose los pálidos cabellos. Desde otra ventana, una moza le hizo un guiño y desapareció. Como si la plaza fuera el escenario de un multiplicado tingladillo de títeres, un hombre mal encarado golpeaba a una niña, cuyos gemidos no se escuchaban, quizá por causa de la dirección del viento, que los llevaba a otra parte. Y en un balcón cubierto de cendales movidos por una brisa inexistente en la plaza, una muchacha se inclinaba sobre el cuerpo acostado de otra que la recibía con manos amorosas entrelazando los largos dedos en los vellos de la nuca de quien se había decidido a ponerle los labios en los rincones de las ingles. Entonces fue cuando Lisardito escuchó el turbio alarido de Casandra, que parecía venir del fondo de la tierra, pero que rasgó el cielo limpiamente, como un cuchillo manejado en la manteca.

Josafat saltó del automóvil con una agilidad que entusiasmó a Lisardo, y corrió hacia el campo llano con las orejas tiesas. Pero lo que le orientó hacia el lugar donde estaba Casandra fue la dirección de la carrera de dos muchachos y un niño como de ocho años, que salieron por la parte lateral de la taberna, y atravesaron el puente y la línea de chopos del río, para precipitarse por el declive de una hondonada que hizo altavoz del nuevo alarido de Casandra.

Lisardito corrió tras el chófer y alcanzó a ver a la muchacha derribada en el suelo, con un mocetón encima, al que se le encaramaba de patas, por la espalda, un gran chivo negro. Los dos muchachos se desnudaron deprisa, mostrando unas largas naturas bamboleantes, tal vez excesivas. El niño de los ojos enormes se abrazó al viejo cheposo para protegerse de las patadas que Josafat había comenzado a dar al mocetón y al chivo negro, que se escabulló de la refriega quejándose con voces como de persona humana.

El viejo tomó de la mano al niño y, sin ponerse siquiera los pantalones, emprendió la huida, al tiempo que los dos muchachos atacaban a Josafat a la vez, todo en un barullo de sombras bajo el sol de tarde, precipitado hacia el horizonte, que ennegrecía el perfil del círculo del cráter.

–¡Sujetadle –gritaba a los muchachos el cabrero, con su voz de gaita–, y os dejaré luego que os la tiréis vosotros!

Pero la silueta de Josafat se crecía sobre los dos muchachos, arrojándolos al suelo, para arrancar después al otro del cuerpo de Casandra, a la que estaba adherido como un insecto de muchas patas.

Lisardito palmoteó desde lo alto cuando Josafat logró derribarlos a todos, dándoles buenos golpes en los costados y en las mandíbulas, con un arte bien aprendido en alguna palestra. El hombre tomó a la desvanecida Casandra, que se le abrazó al cuello gozosa, para ser transportada triunfalmente, como Deyanira en los brazos de Hércules.

–A ver si me acuerdo, cuando llegue a casa –murmuró Lisardito–, de pedir a Leonela y Cintia que me representen esta misma escena.

Pero al verla acariciar al chófer las sienes y besarle las orejas, remunerando una heroicidad sólo contemplada, al parecer, en las tragedias de Sófocles, Lisardito sintió un rencor contra el criado, que era, exagerando, como si una garra le hiriese lo que llevaba entre las piernas. También tenía que acordarse, cuando llegaran a casa, de que su madre pusiera de patitas en la calle a aquel desvergonzado.

En el asiento trasero fue blandamente depositada Casandra y Lisardito se colocó a su lado, sin mirarla siquiera, mientras Josafat se sentaba al volante y ponía el automóvil en marcha. Permanecieron sin hablar un largo rato.

–Os estoy muy agradecida por lo que habéis hecho

conmigo, pero es mi deseo apearme en la villa de Miranda de Ebro, para tomar allí un tren que me lleve a tierras de Huesca –rompió el silencio la muchacha–. He decidido abandonar mi profesión de actriz y terminar mis prácticas de enfermera.

–¿Estás enojada con nosotros? –preguntó Lisardito apenado.

–Al contrario –a Casandra se le llenaron los ojos de luz–. Ojalá que todo el mundo fuera como vosotros. Estoy feliz aquí, con Josafat y contigo, y no sé cómo pagaros vuestra gentileza.

–Entonces, ¿por qué te vas?

–Todos nos vamos –dijo evasivamente la muchacha y luego recapacitó–. Aunque, bien mirado, no somos nosotros los que nos vamos, sino que todo lo que nos rodea, el aire, los árboles, este automóvil, nuestra piel, son cosas que se van por nosotros.

Lisardito miró por la ventanilla, para ver ponerse el sol una vez más, en una tarde que deslizaba los oros vertiginosamente por debajo de las ruedas del automóvil.

–Tú ya eres un hombre, para aceptar las pequeñas contrariedades –dijo la mujer–. Tienes toda la vida por delante, para elegir tu camino, en lo que puedas.

Lisardito sintió que las lágrimas le nublaban la vista, mientras Casandra le decía que no se entristeciera, abriendo un estuche de cosméticos.

–Vamos a hacer un sortilegio –explicó la muchacha, tomando un lapicero blanco y otro negro–. Primero te envejeceré la cara, hasta convertirte en un anciano.

Con presteza de mujer avezada en lo de caracterizar personajes de escena, Casandra blanqueó las sienes del muchacho, le pintó ojeras y arrugas y le perfiló un retorcido bigote. Luego entornó los ojos y tomó distancia, echando hacia atrás la cabeza, para contemplar mejor su obra.

–Perfecto –exclamó–. Ahora dime qué es lo que desearías tener cuando fueras mayor.

El muchacho, divertido por el juego, habló de una colosal fábrica y de una casa grande, con jardín y salón de baile, y sirvientas que, como Cintia y Leonela, representaran escenas de «amores locos».

–¿Por qué locos? ¿Tienes miedo a amar sencillamente? Los amores locos, a veces hacen daño.

Lisardito meditó un momento, antes de preguntar:

–¿Te hicieron daño aquellos hombres?

–¿Quiénes? ¿El viejo y los otros de la taberna? –volvieron a abrírsele los rasgos de la cara, para dejarse inundar de luz–. No mucho. Hay un lugar dentro de nosotras, un lugar embrollado, innombrable, en el que nos complacemos en sentirnos deseadas, aunque quien nos deseara fuera el mismo diablo.

–¿Por qué gritaste, pues? ¿Tenías miedo?

–Grité sólo para comprobar que Josafat y tú vendríais en mi ayuda. De esa manera pude sentirme doblemente mujer, mujer por ambos costados, por el costado del mal y el del bien, mujer plenamente.

Lisardito estaba atónito, sin acabar de entender las razones de una muchacha que ahora se inclinaba sobre él para abandonar la cabeza en su hombro. Y no tuvo más que girar levemente la cara para hallar a pocos centímetros de sus ojos la bonita oreja taladrada, que rodaba lentamente por un pecho y un vientre que, de súbito, se le habían llenado de latidos.

–¿Dónde están una cosa y otra? –preguntó.

–¿Qué cosas?

–Lo que es bueno y lo que es malo.

–En ninguna parte. Lo bueno y lo malo lo tejemos nosotros, según nuestra conveniencia o nuestras necesidades, de la misma manera que inventamos las horas en las mentirosas manecillas de nuestros relojes –repuso la muchacha, removiendo con dedos de espuma los botones del pantalón de Lisardito.

–¿Por qué?

–Porque las cosas no son de ninguna manera, sino simplemente como cada uno las piensa. El bien y el mal están más próximos de lo que creemos. No es casualidad que el demonio fuera un ángel.

–Gulliver no quiso matar a los enanos que le herían con flechas –suspiró Lisardito, sintiendo que el corazón le estallaba en los labios al hablar, y que un deleite nuevo se le agrandaba entre las piernas. ¿Por qué?

–Porque ésa era la forma que su instinto de conservación tenía de justificar su propia existencia en el país de los gigantes.

Al sentirse ingresar en la ardiente boca, los recuerdos de Lisardito se precipitaron por el orificio del lóbulo de la oreja de Casandra, sin que le llegara la aclaración a un último «¿por qué?», acaso no respondido o acaso no preguntado.

En el fondo de aquel largo túnel del lóbulo de la oreja, se perpetuó la imagen de alguien que guardaba un rizo de cabello infantil en un pequeño relicario llevado al cuello, que era un corazoncito de plata. Y cumpliendo su oficio de icono, con la mano extendida como un puente entre dos brumas, su madre le recibió en el regazo, y fueron sus dedos de niño los que acariciaron los largos cabellos, las mejillas calientes, cubiertas de una pelusa parecida a la del terciopelo, y le abrieron la túnica color celeste.

A Lisardito le dolieron los riñones, como si estuviera

viejo, achacoso, y se recostó en el asiento, para entregar mejor la pelvis a la boca de Casandra que aplicaba, con ritmos de mar y de viento, labios y lengua golosamente al masculino lugar donde los hombres llevan medianamente encerrados sus delirios de hombre.

Las manos de su madre le sumergieron en un baño de agua tibia. Ella canturreaba una melodía, el vals del piano; y el placer le subió por el vientre, espesándole la saliva, cuando sorprendió a su garganta reproduciendo la melodía escuchada en el salón de baile; y aquella boca le insinuaba el uso de las palabras, la oportunidad de las transacciones en los negocios (cuando fuera mayor ampliaría la fábrica de su padre), la manera de enfrentarse a la dicha, al dolor, a los ciclos irremisibles y a la muerte, que en su libro de lecturas para jóvenes, que le regaló tía Melisenda en la pasada Navidad, se representaba como una lánguida señora arropada en velos, que llevaba una guadaña en las manos. Y allá también, en aquellas páginas, se hablaba de la perfección de la red tejida por la araña, de la abigarrada labor de los vencejos en el aire, de la cobardía de un rey Herodes seducido por la danza de Salomé, del inimaginable triunfo de Julio César, aclamado como dios en Roma, del nefando crimen de Caín y del abismal pecado de Luzbel, el más bello y, por lo tanto, el más orgulloso de los ángeles.

El muchacho se retorció en el asiento hasta casi perder el sentido, cuando sintió un amor desmesurado por las orejas de Casandra. Convulso, al borde de la locura, le acarició los lóbulos perforados y le dijo, sin saber si lo decía, que quería tenerla siempre consigo, y se aferró a sus cabellos al sentir la sima de placer que se abría de pronto a sus pies, por el que temió precipitarse para siempre, un placer acumulado en su vientre desde Todos los Tiempos, suma del placer de la araña y del vencejo, del hombre y del ángel, del placer de Herodes al ver danzar a Salomé, de Julio César al ser aclamado en Roma, del crimen de Caín, que era todos los crímenes, y de la innominable desobediencia por la que Luzbel fue erigido en Dios de las Tinieblas. Y creyó haber gritado cuando sintió que todo ese amor y ese anhelo desmedido se le derramaba en aquella boca.

–La estación de ferrocarril –dijo Josafat, frenando sin brusquedad frente a un esqueleto metálico, como de dinosaurio, que miraba por el ojo desmesurado de la esfera de un gran reloj de pared.

Casandra levantó la cabeza y saboreó sin prisa lo que le llenaba la boca. Una voz sobrenatural, alzada por encima del frémito del hierro, del chirrido de ejes y ruedas y de los topetazos de los vagones en maniobra, multiplicando las resonancias en el ámbito cerrado, explicó oscuramente que algún tren expreso estaba por llegar o por partir.

Casandra dijo simplemente adiós y abrió la portezuela del automóvil. Unas nubes opacas que bajaban de lo alto sujetadas por hilos, precipitaron el atardecer. Abriéndose paso entre los vendedores de golosinas, porteadores de bultos y empujadores de carros cargados de maletas, caminó hacia las taquillas, al tiempo que el gran reloj de pared, iluminándose de repente, anticipó la noche.

Lisardito, a última hora, saltó del automóvil y corrió tras Casandra, esforzándose por no perderla de vista, entre la gente abrazada en el andén donde aullaba una locomotora anunciando su partida. Pero la mujer desapareció detrás de una nube de humo, mientras volvía a oírse la voz celestial que apremiaba a los viajeros a subir al tren.

El muchacho gritó desesperado el nombre de Casandra al ver deslizarse al hierro en el hierro. De pronto, le pareció que aquel tren no era como los demás. Impropiamente, no importaba por qué, la locomotora no estaba situada a la cabeza de los vagones, no tiraba de ellos, sino que los empujaba, dando la impresión de que el tren retrocedía. Sin embargo, lo más sorprendente de todo fue que, en eso, como en un escenario, se descorrieron las cortinas de una ventanilla y asomó el rostro Casandra.

Lisardito caminó junto al tren, se quitó el anillo y lo alzó, para entregáselo a la muchacha.

–Por favor –gritó, no me digas que no lo quieres.

Casandra lo tomó en el momento en que la máquina aceleraba la marcha con un estruendo que borró el sonido de sus labios empeñados en moverse, tratando de decir sabe qué. Lisardito corrió tras ella desesperado. Pero el tren se alejaba cada vez más deprisa y sólo acertó a ver el gesto de la muchacha, que le señalaba los pantalones. Se detuvo y se miró, para comprobar, con indescriptible vergüenza, que llevaba fuera la minina. Con las prisas, había olvidado de abrocharse la bragueta.

XXV. CLARAMUNDA Y SULPICIA

Aprovechando la poca luz de un farol recién encendido, Josafat volcaba el cuerpo sobre el motor del automóvil, cuando Lisardito se acercó para preguntarle qué sucedía. El chófer, franqueándole el acceso respetuosamente, repuso que nada importante.

–¿Pero podremos llegar a casa?

–Eso espero –dijo el hombre, tomando la manivela de arranque y haciéndola girar con fuerza.

Como si la electricidad de la bujías hubiera prendido también en el aire, una chispa reventó una nube, y el motor sonó con un asmático traqueteo, al tiempo que comenzaron a caer unos goterones gruesos como monedas, que sacaron a la chapa del automóvil retintines de xilófono.

Josafat corrió a sentarse al volante y movió una palanca que desplazó un crujiente tren de engranajes. Luego soltó los frenos y el vehículo inició un quejumbroso desplazamiento.

De nuevo volvió a brillar un haz de chispas en lo alto, y por la tierra rodó un trueno llegado de otro mundo, que dejó tras sí una secuela de gruñidos amenazantes. Los limpiaparabrisas apenas podían desplazar la mucha agua caída sobre el cristal. Por eso el chófer disminuyó la velocidad, con un desagradable carraspeo de las palancas, que sonaron a huesos quebrados.

Lisardito se sabía en buenas manos. Imaginó a Josafat derribando hombres a puñetazos, salvando muchachas de las pezuñas de los centauros, girando la manivela que ponía motores en marcha y desataba tempestades en el cielo. Con todo, sintió que un miedo desconocido le trepaba por las piernas cuando un tercer trueno originó un terremoto bajo las ruedas del automóvil.

El interior de la berlina, iluminada por los destellos de la tormenta, se convirtió de pronto en una pantalla de sombras grotescas. El muchacho se abrazó a su caja de cartón, que era su única posibilidad en el presente, hundiéndose en un ángulo del asiento, como si deseara desaparecer por las costuras de la tapicería. De buena gana hubiera descorrido las hojas de cristal de la mampara que le separaba de la cabina del conductor, para hallar más próximo al chófer. Pero la nurse Sirena le tenía adoctrinado sobre las distancias de respeto a mantener con los sirvientes.

Lisardito tomó el tubo acústico que comunicaba con el chófer y preguntó que a qué hora llegarían a casa.

–No lo sé –respondió Josafat–. Aún tenemos que trepar algunas montañas.

Lisardito rezó la oración a Santa Bárbara Bendita,

«que alejas las tempestades y de los rayos nos libras», aprendida de la boca de tía Melisenda. Pero lejos de amainar, la tormenta arreció sobre sus cabezas, pues chispa y trueno se percibían ahora a la vez, sin solución de continuidad entre una y otro. Entonces, el runrún del motor se convirtió en jadeo, hasta el punto de que en un tris estuvo de negarse el artefacto a proseguir. Josafat, sin perder la calma, movió dos veces la palanca del cambio de marcha, pisando con fuerza el pedal del embrague, y el motor recuperó su ritmo de explosiones.

Aunque alguna vez había oído decir a la preceptora Cintia que las probabilidades de que un rayo destruyera un objeto en movimiento era de una entre varios millones, a Lisardito le disgustaba ir allá encerrado, pues también había oído decir que el metal atrae los rayos. Se lo refirió a Josafat, a través del tubo acústico.

–Para su tranquilidad, debe saber también el señorito, que las ruedas de goma son un inmejorable aislante de la electricidad –repuso el chófer–. No hay lugar más seguro contra los rayos que el interior de un automóvil. Nunca se supo de ninguno que fuera destruido por un rayo.

Con todo, se le antojó a Lisardito que el hombre se detuviera inmediatamente. Así se lo ordenó, pero Josafat, de muy buen acuerdo, repuso que lo haría en un lugar menos inhóspito, al amparo de algún alero que pudiera darles resguardo hasta la madrugada, pues, de parar el motor, había peligro de no poder volver a ponerlo en marcha, ya que la mucha lluvia parecía haber humedecido el magneto.

Obstinado era el chiquillo, de aquellos que llegan lejos si se lo proponen, capaz de clavar un clavo con la frente. Pateó el suelo, al sentirse contrariado y, en su enojo, no se le ocurrió mejor cosa que sacar la pistola que traía en el bolsillo y descorrer el cristal que le separaba de Josafat, para ponerle el cañón en la sien.

Sin volverse siquiera, el chófer le arrebató el arma y la arrojó por la ventanilla, recordándole que su madre le tenía dicho que no anduviera con pistolas de juguete, «pues las pistolas de los niños se convierten en pistolas de verdad, cuando se hacen hombres».

–Y en lo que a mí toca –agregó Josafat–, comparto el buen criterio de la señora. Y debo añadir, para instrucción del señorito, que la mera posesión de las armas predispone a su uso, hasta el punto de empeñar a los hombres en peleas que deshonran al género humano y que sólo conducen a su destrucción. Hinchó el tórax bajo los fieltros del uniforme, para suspirar profundamente, antes de proseguir–: La guerra es un gigante destructor, con fuego en los ojos, que galopa sobre las nubes en un caballo negro, que a veces desciende a la tierra para arrasar en odio el corazón de los humanos. A su paso, el mejor de los hombres se convierte en fiera salvaje.

Al oír nuevos truenos, el chiquillo imaginó al terrorífico jinete galopar por los cielos, y preguntó a Josafat si era que se acercaba la guerra. El chófer, trazando sobre el pecho una cruz, respondió que Dios no lo quisiera, y Lisardito le preguntó que cómo era la guerra.

–No lo sé bien –repuso Josafat–. Yo era un niño entonces. Sólo recuerdo que todo el mundo decía que se anduvieron matando con unas bombas muy nuevas, arrojadas desde los aeroplanos, y con esos barcos sumergibles que disparan bajo el agua unos proyectiles llamados torpedos.

De repente, Lisardito escuchó, con pavorecido sobresalto, las explosiones que al Bentley le sonaron bajo los capós. Luego, el automóvil se deslizó en silencio, a motor parado, por la leve pendiente de la carretera. Josafat, aprovechando la inercia del vehículo, lo desvió hábilmente por un sendero que daba a un bosquecillo tras el que se dibujó a contraluz, sobre un cielo fosforescido por un par de relámpagos, el perfil de un casón de altas chimeneas.

El Bentley se detuvo frente a una aldaba que era un caballito de mar en bronce, y, si lo hubiera tenido, hubiese alargado algún miembro de su fatigada carrocería para llamar a la puerta, pues el chófer se hallaba exhausto, desfallecido, aferrado al volante como un náufrago a una tabla.

Antes de que Josafat soltara el volante, la puerta se entreabrió despacio. El chófer aguzó la vista. Más allá de la lluvia aparecieron los ojos de una niña de edad poco menor que la de Lisardito, y una manita pálida que atrajo a Josafat con un movimiento de dedos preciso, semejante al de los que manejan hilos de títere.

Josafat, caminando lentamente, como un hipnotizado, se acercó a la puerta y rogó a la niña que comunicara a sus padres que le permitieran poner el automóvil a cobijo, para echar un vistazo al motor, que acababa de pararse.

Tirando con todas sus fuerzas del pesado batiente, que cedió con algún gemido de goznes enroñados, la niña le invitó cortésmente a pasar, mostrando un color de mejillas demasiado anaranjado para no ser cosmético. Josafat se quitó la gorra, taconeó el umbral para sacudirse el barro de las botas y puso un pie en la gruesa alfombra, y luego el otro, con precauciones de gallo en corral ajeno. Pocos pasos más le situaron en el centro geométrico del recibidor circular, bajo una enorme araña que encendía más de cien luces en su triple corona de brazos de cristal.

El hombre alzó la cabeza para mirar la bóveda, pin-

tada de cazadores heridos de ascta por leones arqueros,
al tiempo que la niña, asombrada, le recorría con los
ojos al hombre la descomunal estatura, agitando enarde-
cida la cascada de bucles que le caían sobre los ojos, a
pesar de que el enorme lazo negro estaba allá precisamente, en lo alto de su cabecita, para sujetárselos.

–El garaje está vacío –dijo la niña–. Puede utilizarlo,
si lo desea, para reparar el coche.

Josafat volvió a mirar de nuevo a la niña, cuyos brazos y piernas tenían el especial atractivo de lo frágil, sobre todo al verlos aparecer, como brazos y piernas de
porcelana, por las mangas y el vuelo de un vestidito negro la mar de rimbombante, sobrado de puntillas, festo-
nes y entredoses.

Como una viudita que acaba de heredar un gran castillo, la niña se disculpó de que el servicio se hallara
ausente, y dijo que lamentaba mucho que nadie pudiera
ayudarle a empujar el automóvil, pero que si lo deseaba
(insistió), el garaje estaba a su disposición. Y añadió,
alargando ambas manos, como prestándose a una suerte
de rito de idolatría, para que Josafat se las besara, que su
nombre era Claramunda.

Josafat ya se inclinaba para honrar a su pequeña anfi-
triona, cuando oyó una vocecita:

–Ya sabes, Claramunda, lo que nos tienen dicho; que
no abramos la puerta a desconocidos.

La que había hablado, era otra niña vestida de negro,
algo mayor que Claramunda, parada en lo alto de uno de
los brazos semicirculares de la doble escalinata, que ascendían al primer piso, cuya balaustrada formaba un redondo balcón sobre la cabeza del chófer. Al ver multipli-
carse las viuditas en aquel curioso recinto, Josafat
pestañeó.

–Ya lo sé, Sulpicia –respondió Claramunda, mirando

los hilillos de agua que se deslizaban por los botones de latón de la casaca del hombre y engrosaban nuevas gotas que se desprendían de pronto, para ir a estrellarse en el cuero de sus botas–. Pero, por si no te has enterado, fuera están cayendo chuzos de punta, con unos rayos y unos truenos que hace falta ser muy insensible para no asustarse.

Aquel sensato parecer era digno de ser compartido, en opinión de Josafat, que se preguntaba cómo puñetas aquellas criaturas no mostraban temor alguno hacia una tempestad que, francamente, a él mismo le hubiera inquietado, de no haber tenido que mostrarse entero, para infundir seguridad en el muchacho confiado a su cargo en un viaje que ya le empezaba a hinchar las narices.

También en la frente de Sulpicia vio Josafat agitarse un incontenible mechón de bucles, bajo un lazo negro, cuando la niña alzó la mano entre los leones arqueros de la bóveda, para darse media vuelta exclamando:

–¡Haz lo que te plazca! –Y su voz seguía resonando por los techos, después de que su blanquinegra figurita desapareciera tras los balaustres–. ¡No vamos a porfiar por eso!

XXVI.   CERCA DE LAS HADAS

Claramunda tuvo que ponerse de puntillas para girar la llave del interruptor que encendía los faroles del jardín. Los fanales amarillentos arrojaron sobre el Bentley una mezquina luminosidad, palidecida por la espesa cascada de lluvia.

Contraviniendo las órdenes del chófer, Lisardito se apeó del automóvil. Deseaba contribuir con sus escasas fuerzas al desplazamiento del pesado artefacto, que requirió el concurso de todos los músculos de Josafat para ser desatollado, mientras Claramunda, protegida por un enorme paraguas, empujaba las puertas del gran cobertizo que hacía las veces, a un tiempo, de garaje y de almacén de aperos de jardinería.

La niña les invitó luego a entrar en la casa, para dar-

les ropa seca, «no fuera que pillaran un resfriado», con-
duciéndoles detrás de un jardín en tinieblas. Los huéspedes caminaron en silencio a través de su pequeña anfi-
triona, que zigzagueó con ciega seguridad de topo por
un laberinto de calles demarcadas por altos paramentos
de aligustre, hasta un umbral muy encendido de bombillas, donde a Lisardito le pareció, por un instante, que a
la niña se le clareaba la carne al trasluz, como si su
cuerpo fuera de alguna sustancia transparente.

La puerta lateral por la que entraron, conducía directamente al ala del casón destinado a la servidumbre,
donde los armarios del zaguán, como trastero de teatro,
encerraban ropa antigua y uniformes famulares: bicor-
nios, trajes de noche, libreas con ribetes plateados, zapatos de gran hebilla, calzones de seda, delantales y cofias,
y hasta una colección de rojas casacas de montar y otra
de pelucones blancos.

Antes de calcularle la estatura con la mirada y ponerse a rebuscar entre las perchas para ver de dar con alguna ropa «de cuando el abuelo era niño», Claramunda
se presentó a Lisardito, tendiéndole las manos. El muchacho nunca había visto una niña tan frágil. Cierto era
que no conocía muchas niñas; sólo chóferes que le
arrastraban con brusquedad, preceptoras que le obliga-
ban a levantarse por reloj y a clasificar flores y caracolillos marinos, y nurses que no paraban de decirle lo que
un niño bien educado debe y no debe hacer en todo
tiempo y lugar. Tampoco había visto un muerto en toda
su vida. Pero los dedos largos y fríos de Claramunda se
asemejaban a los de una criatura prematuramente falle-
cida. Sólo las venitas azules de su sien revelaban, bajo el
níveo tegumento, algún género de vida en lo profundo
de aquel organismo de momia conservada en leche.

Claramunda sacó del armario una chaquetita de ter-

ciopelo azul, una camisa de piqué, un cuello de celuloide, pantalones cortos, calcetines calados, zapatos de
charol y una bonita corbata de satén color turquesa.

–Vamos, desnúdate –le dijo, al tiempo que le tendía
la ropa, volviendo a hurgar en el armario, de donde salieron también, para el chófer, botas altas, pantalones
bombachos y una chaquetilla gris perla con dos filas de
botones.

Josafat fue el primero en desnudarse. Se secó el
cuerpo con alguna parsimonia de atleta victorioso y,
antes de vestirse, pidió un peine y un espejo que la niña
alzó hasta su cara. Al hombre le sobresaltó ver refle-
jarse en el espejo unas mejillas blanquísimas, contrasta-
das con unos grandes ojos de azabache que no eran
los suyos. Se volvió súbitamente. Por la puerta entreabierta, a sus espaldas, asomaba la pálida faz, bajo el
mechón de bucles incontenibles y tembladores, de la
niña Sulpicia, que le recorría el cuerpo desnudo con
una extraña codicia de ojos que Josafat no supo cómo
interpretar.

–Es mi hermana Sulpicia, que ya conoces –repuso
Claramunda.

Y el chófer, que hasta aquel momento no había for-
mulado pregunta alguna, para no mostrarse indiscreto,
iba a atreverse a indagar, ante la solicitud con que eran
acogidos, que si había alguien más en la casa, cuando,
antes de abrir la boca, fue contestado:

–Todos están en el cementerio.

Por un momento, a Josafat le aleteó en la cabeza la
idea de que todos habían muerto en aquel extraño lugar. Claramunda, como si hubiera leído el pensamiento
en su turbada expresión, le sacó de dudas diciéndole
que se habían ido todos al cementerio de Vitoria, a enterrar al abuelo, que murió ayer, y añadió:

—Ya tenían que estar de vuelta, pero la tormenta les habrá retenido en alguna parte.

Josafat, receloso, turbado, sin querer saber más, terminó de vestirse y pidió una linterna, para echar un vistazo al motor del automóvil, pues, «entre pitos y flautas, se estaba haciendo tarde».

Claramunda prendió un quinqué de queroseno y entregó un paraguas a Josafat, que exhibía empaques de gallo, abultando el buble debajo de su abotonada chaquetilla, mientras la niña le invitaba, a él y al muchacho encomendado a su tutela, a pernoctar en la casa, pues siendo de noche y no habiendo amainado la tempestad, para qué las prisas.

—El señorito vuelve del colegio y su madre le aguarda —respondió escuetamente Josafat, dejando una estela de luz bajo la lluvia, al atravesar el jardín.

De asear a Lisardito se encargaron las dos niñas. Claramunda abrió un humeante grifo, de boca muy ancha, que espumó agua sobre una tina con gran estrépito. Y mientras Sulpicia le daba jabón, Claramunda arrojaba al agua hojas de una malva aromática tenida en tarro de vidrio.

Fragantes de plantas ocultas en anaqueles, salieron también de los armarios las felpas con que, entre risas, las niñas le enjugaron el cuerpo. Y de cierta gran ánfora de adorno funerario debieron de venir los crisantemos de largo tallo, con los que Sulpicia tejió una blanca corona para el niño, entrelazada al son de una salmodia dicha entre dientes, como por amor a un rito secreto.

Luego las niñas sacaron ropa para sí del armario y se desnudaron para probarse esta falda estrecha, con chaqueta de talle bien ceñido, zapatos de mucho tacón y sombrero de plumas caídas sobre una ceja, harto de moda por entonces, o echarse por los hombros, a la griega, aquellas clámides y estolas conjugadas en una fiesta de tules, indianas, brocados y organdíes salidos al encuentro de sus manos llevadas hasta el fondo de los cajones.

Por sus cuerpecitos transparentes pasaron sayas de fustán, dormanes de húsar, con muchos alamares y vueltas de piel de oso, basquiñas de pastora, boas de pluma de marabú, enroscadas a un escote atrevido, botas de interior, abiertas para pregonar las excelencias del raso de un sostén deshabitado de mamas, y algunos de los extravagantes vestidos puestos en moda por los diseños de Bask para *Scheherezade* y aireados en Montparnasse por los figurines que Armand Vallée divulgó en el *Journal des Demoiselles*.

Y ya metidas en atuendos de fantasía, ¿por qué no aproximarse a las hadas? ¡Jugarían a su juego preferido! ¡Claramunda haría de hilandera Morgana, y Sulpicia de malvado Merlín!

–¡Vamos a pintarnos! –dijo Claramunda, dando un salto de alegría.

Tomaron a Lisardito de la mano y lo condujeron por antecámaras y corredores, hasta un cuartucho donde había arrumbados, como trastos de desván, una caja de música destripada, una colección de minerales y algunos maltrechos soldaditos napoleónicos, polvorientos, mutilados, supervivientes de alguna batalla perdida durante las inciertas tardes de lluvia de alguna infancia olvidada.

Allá estaban también, esparcidos por el suelo, los antiguos mapas enrollados definitivamente, una esfera armilar con signos de zodíaco grabados en sus círculos de latón, lapiceros de colores despuntados, tubos de ensayo y probetas graduadas, que hablaban de remotas actividades escolares por la huella reseca de alguna reacción química quedada en el fondo del vidrio.

En un rincón había también un destartalado tocador con el espejo roto, pero que aún conservaba en sus gavetas y repisas algunos tarros con jalbegue, polvos de arrebolar mejillas y aceites de violeta y estoraque, en torno a los que Claramunda y Sulpicia se afanaron con una diligencia de obreras de panal, para ribetearse los párpados y embadurnarse la cara.

Mientras tanto, a los ojos de un Lisardito tímidamente asomado a una puerta, se abrieron las penumbras de un salón de retratos. La dama escotada, el almirante condecorado, el anciano de frac, el arcipreste, la soltera y el botarate de la familia, contenían la sonrisa, estiraban el cuello, torcían el gesto, volvían la cabeza de soslayo para mirarse a sí mismos desde los gruesos marcos dorados. Aquellos cuadros semejaban espejos ante los que, hacía muchos años, se hubieran parado un momento a mirarse aquellos hombres y mujeres, quedando su imagen retenida en ellos para siempre, por obra de algún malvado hechizo.

Con una mezcla de curiosidad y de miedo, Lisardito dio un paso, tropezando con una gran mesa, apenas iluminada por la luz del cuarto dejado atrás. Sobre los blancos manteles se había hecho gran derroche de bandejas de plata, con restos de comida, cera de velones consumidos en los altos candelabros y manchas de vino pardo, como sangre seca, junto a las copas volcadas. Iba a volverse para preguntar a las niñas qué significaba aquello, cuando oyó la voz de Claramunda a sus espaldas:

—Son los restos del banquete del velorio. Fue maravilloso. Hubo músicos de entierro, muslos de faisán y pastelitos rellenos de jalea de grosellas.

Ante la mirada de extrañeza de Lisardito, que no se imaginaba que alguien pudiera comer junto a un muerto, la niña le explicó con la boca llena de un puñado de uvas arrancadas a un racimo a medio consumir, que en un banquete de velorio no había nada extraño, sino todo lo contrario, pues nada le era más cercano a la muerte que la comida, puesto que si la gente comía era precisamente para eso, para no morirse ellos también.

Y fue Sulpicia, con barbas pintadas a tizón de corcho, la que abrió la enorme puerta corredera y encendió todas las luces, para mostrarle lo cerca que estuvo el muerto de los muslos de faisán y la jalea de grosellas. Pues tras aquellos batientes, que se descorrieron sin el menor ruido, como si fueran de aire, apareció un dormitorio que tiraba a lo renacentista, con sus sillones de nogal y su brocado en la doselera de la cama aún salpicada de pétalos de rosa, y la onerosa huella del cuerpo en el raso de las sábanas, y un espejo, en cuyas profundidades había agonizado el muerto, que estaba velado por un vasto crespón.

Otra vez Lisardito se sintió tomado de la mano, y fue conducido al centro del dormitorio, para ser nuevamente abandonado por las niñas «por un momentito nada más», pues sólo les faltaba a una los labios y a la otra el blanquete.

–Era muy viejo –dijo Claramunda al salir, para restar importancia al suceso que, al parecer, tenía al muchacho entontecido–. Su muerte, sólo para él fue una sorpresa.

Lisardito miró de nuevo a las sábanas donde se enfrió el cadáver y luego volvió la cara para mirar atrás, hacia el salón donde los parientes y amigos, que habían acompañado al difunto al cementerio, celebraron en torno a aquella mesa el banquete funerario. Y largó la vista más allá, hasta el cuarto iluminado de las niñas, cuyas figuras se adelgazaban en la distancia, como si hubieran dejado de moverse en el presente.

Toda la realidad, en aquel momento, estaba susten-
tada únicamente por la cama vacía, el olor de los cirios
derretidos, la gran ánfora con los crisantemos de los
que él mismo estaba coronado, una copa sobre la me-
sita de noche, una campanilla de plata, un frasquito de
píldoras a medio vaciar y un reloj parado. Cosas de
muertos.

Lo que no supo era qué demonios pintaba, en medio
de la alcoba, aquella rueca con su copo de algodón en
rama y sus hilos a medio torcer. Sin duda pertenecía a
los juegos de las niñas.

–Es la rueca de Morgana –oyó la voz de Claramunda, que asomó por la puerta, como si tuviera la fa-
cultad de corporeizarse en el momento de ser pensada–, donde el hada teje los sueños de los hombres.

Lisardito estaba atónito, paralizado, dudoso de si en
realidad existía la casa, la alcoba, la rueca, las niñas, o
había agregado esas imágenes a la noche, al miedo, al
aparato eléctrico de la tormenta.

–Yo soy Morgana –dijo Claramunda sentándose a la
rueca– y tejo la vida de un hombre que vivirá mientras
no se corte este hilo.

–¿No son, pues, sueños, y no vidas, lo que dijiste que
tejen las hadas en sus ruecas? –preguntó Lisardito, cada
vez más confundido.

–Sueños o vidas, ¿cuál es la diferencia? –repuso entonces Sulpicia, que vestía velos negros de pies a
cabeza.

Lisardito permaneció un momento pensativo, mientras Sulpicia fue a por unas tijeras de podar, y a por un
alto sombrero que le diera algún empaque de brujo
Merlín, y debió ser ella misma la que, en las idas y venidas, puso en movimiento un gramófono, porque en alguna parte de la casa comenzó a sonar algo de Mozart

(una misa o un oratorio), de cuerdas y metales muy necesitados, por cierto, de unas vueltas de manivela, pues desde su comienzo agonizaban de tono.

Claramunda impulsó la rueda de la rueca con una leve presión de su piececito en el pedal, y comenzó a torcerse la hilacha del copo de algodón.

–¿Y de quién es la vida que estás tejiendo? –preguntó Lisardito.

–Eso no se sabe hasta el final, hasta que se corta el hilo.

–Dime sólo si es la de un joven o la de un viejo.

–Eso depende de lo que se lleve hilado –repuso Claramunda, mostrándole la madeja arrollada a la devanadera–, y cada una de las hebras del hilo son las alegrías, las penas, la buena o la mala suerte en los negocios, en las aventuras, en el amor. ¿O es que nunca has pensado en hacer negocios y en tener un amor?

–Y una casa grande, y un jardín cuadrado –añadió Lisardito.

Luego fue la poda de flores en la alcoba, que Merlín tomó por cuenta de sus grandes tijeras, la que vino a sumarse a la interpretación del misterioso pasaje de una historia insabible de hadas y magos. Y hubo por parte del mago una añagaza para poder aproximarse a las hebras que Morgana tejía: haciéndose pasar por cansado caminante, el brujo rogó a la hilandera el favor de un poco de agua que a nadie ha de negarse.

La buena Morgana, a pesar de las advertencias de un Lisardito que entreveía las perversas intenciones de Merlín, abandonó la rueca, para que el que lo necesitaba tuviera de beber. Lisardito quiso moverse para impedirlo. Creyó haber alagardo la mano con que sujetar la de Merlín, que alzó las tijeras ágilmente con intención de cortar el hilo de la rueca, mientras la misa o el oratorio de Mozart, falto de cuerda, a punto de pararse, gruñía en un largo y ronco estertor.

El niño hizo por cerrar los ojos para no verlo. En alguna parte del mundo, quizá muy cerca de allí, alguien iba a sentir una punzada en el corazón, un vómito oscuro, un repentino ahogo. Era difícil reconstruir mentalmente la risa paralizada de un niño, o los músculos poderosos de un hombre, que ajenos a la súbita ausencia de aliento, apretaban las tuercas de una máquina, o quizá, sería la carne de una mujer la que iba a terminar de querer a un hijo de repente.

Las tijeras de Merlín ya abrían sus filos impertérritos sobre las hebras, cuando Josafat empujó bruscamente la puerta.

–Vámonos –dijo–. Ya está listo el automóvil.

XXVII. EL SUEÑO DE LAS CRISÁLIDAS

Cuando abandonaron la casa, había dejado de llover. El automóvil estaba a la puerta, con el motor en marcha. No esperó Lisardito a que Josafat le franquease la entrada. Él mismo se precipitó sobre la portezuela, se acurrucó en el asiento y, al sentir que se alejaba del casón, no tuvo que mirar atrás para saber a ciencia cierta que, detrás de los cristales de una luminosa ventana, una niña le despedía, agitando una mano asida a unas tijeras de podar.

Ahora sólo faltaba huir de allí, avanzar aprisa, más aprisa, sin pararse, hacia una casa que abrigaba mejores intenciones y más bondad en manos de quien, amándole a él, sabía hacer amar en ellas a todas las cosas. Y di-

ciendo «aprisa» en voz alta, el niño se abrazaba a lo poco
que tenía como propio en el colegio: la peonza, el cordel, los caracolillos marinos y la carta de su madre en la
caja de cartón donde casi oía removerse las mariposas
echadas allí dentro aquella primavera, de alas mancha-
das en tinturas sorprendentes, que había de observar
con la lupa despacito, nada más quedarse solo en el
cuarto de juego de su casa, con su pupitre donde abrir
los libros de Gulliver enano y Gulliver gigante, y su rincón donde saltar a su antojo en un caballito de madera
que tenía unos muelles en las patas para eso.

Y mientras acariciaba la carta en la tiniebla de la berlina y la desplegaba, no para leerla (no necesitaba des-
plegarla para leerla, puesto que se la sabía de memoria),
el niño se extasiaba en pensamientos en los que se veía
cerca de su madre, sentado en sus rodillas para dejarse
acariciar los rizos del pelo, y sentirla respirar a través de
los pechos palpitantes, y removerse en su regazo, en el
hoyo acolchado que formaban sus muslos y su vientre, y
entregarle el dedo índice, para que ella lo condujera por
las teclas del piano, ante la siempre perdida mirada de
miope de aquel Franz Schubert colgado de la pared.

Y en la absoluta certidumbre de que nunca habría de
olvidar lo leído y releído tantas veces, imponiéndose el
reto de conservarlo en la memoria para siempre, Lisardito abrió la ventanilla y arrojó la carta, para que se la llevara el viento ciego de la noche, mientras recitaba su
contenido palabra por palabra:

*Querido hijo. Sé que siempre deseaste estar conmigo,
incluso hasta la muerte, la tuya o la mía. Conozco el dolor
que te causó separarte de mí; lo sé por mi propio dolor, al
disponer yo misma tu partida de mi lado.*

*»Muchas explicaciones podría darte ahora, de los mo-
tivos que me asistían para ello, que quizás algún día te*

sean explicados. Pero no es por ofrecerte razones, que no
las hay en ninguna parte para el dolor de un niño, por lo
que te escribo esta carta, sino para decirte que te espero.
Sí. ¡Te espero!

»Esa palabra puede sonar extraña a los oídos de quien
no ama o no es niño, que es lo mismo que decir de quien
no sabe imaginar. Lo que voy a confiarte, no requiere ser
dicho de ninguna especial manera, pero sí escuchado. Y
ello es, hijo mío, que, para llegar hasta mí, sólo tienes que
pensar en ello, que desearlo fervientemente, pues allá es-
taré donde tú pienses en mí, esperándote, para volver a
darte la vida que necesites, una y otra vez.

Lisardito abrió y cerró los ojos varias veces y, sintió
un agudo dolor entre las piernas cuando volvió a recordar a su madre en la despedida, mientras un enguantado
chófer le tomaba del brazo con rudeza, hasta hacerle
daño, para arrastrarle al automóvil, poner el motor en
marcha y alejarle de su madre, que se daba media vuelta
y se precipitaba en el interior de la casa para cerrarse a sí
misma todas las posibilidades de rectificación no vién-
dole, ella tampoco, alejarse.

Aquel mal recuerdo le impresionó tanto que tuvo
que restregarse los ojos con los puños para borrarlo. Y
perder la mirada en la oscura carretera le aumentó la in-
tranquilidad, pues le asaltó la duda de si el chófer había
equivocado los caminos, de forma que nunca llegaría a
casa.

Tomó el tubo acústico y se lo preguntó a Josafat. Palabras casi soeces tuvo que oír el niño, de quien le amo-
nestaba que se durmiera de una vez y le dejara guiar en
paz.

Escrutaba el niño, con sus ojillos a medio soñar, las
lucecitas remotas, y era la ventana trasnochada de luces
de algún insomne, o una lámpara prendida por quien de-

masiado madrugaba, lo que le hacía pensar que aquella de allá, o aquella otra de más allá todavía, muy bien podían ser las ventanas de su casa, pues a tía Melisenda le gustaba mucho madrugar.

Preguntarle al chófer, de nuevo, si ya habían llegado, cuando el automóvil disminuyó la velocidad, por culpa de una cuesta, o si aquella refulgente ventanita pasada de largo no sería la de la alcoba de su madre, que a veces se quedaba leyendo hasta caer dormida, olvidándose de apagar la luz, le costó a Lisardito tener que oír murmurar a Josafat algo así como «carajo de crío este, y qué jodido machacón lo parió su madre».

Mucho se demoraba, en efecto, aquel viaje nocturno, para unas ansias de niño, y los primeros albores aplazaban demasiado el destello en las copas de los pinos, entre cabezadas de quien, pensando ventanas de luces encendidas, se negaba a caer dormido. Y hasta Josafat se extrañó de aquel eternizado claror de amanecida, que amarilleaba entre grisuras de otoño, aunque juraría estar en marzo.

Al niño le temblaban las manos, ya alargadas hacia su madre, sin verla, sin aún saber si la casa estaba cerca. Se quedaría para siempre junto a ella, sin volver al maldito colegio de un Madrid tenido en brumas de memoria, anónimo y esquivo, donde preceptores engolados y ceñudos le hacían sentarse en serio al piano, brincar sobre caballos de verdad, algo menos dóciles que los de madera, y lucir gran lazo color turquesa bajo el pegajoso cuello de celuloide. Colegio dejado atrás, al que no volvería por nada del mundo, ahora que todo su cuerpo se orientaba irremisiblemente, cada vez con más fuerza, hacia los brazos de su madre, conforme se aproximaba a la casa, que tiraban de él, como había visto hacerlo a los polos tenaces del imán con las débiles limaduras de hierro.

El automóvil, botando sobre sus ballestas, renqueando por caminos desfondados a causa de algún torrente caído de las cimas por la lluvia, comenzó un lento y trabajoso ascenso, en el que levantaba salpicaduras que le ensuciaban los níqueles, o se inclinaba de manera que parecía fuese a volcar. Y a su paso, las sombras recostadas en los canteros, huían de las grietas de la roca desnuda como osamenta planetaria, empavorecidas por las explosiones del nuevo invento del coche que andaba sin concurso de animales.

Fue al tramontar la cima y ceder el pedregal cuando se hizo la luz, como en Día Primero. Y, al otro lado, con el advenimiento de las cósmicas claridades, se abrieron unos verdes valles acá, y un mar verde más allá, y hasta un cielo verde como un gran fruto pronto a madurar. Todo lo que podía verdosear, verdecer, reverdecer, verdebrillar, clariverder, verdecrujir, lo hizo ante los ojos del pequeño Lisardo, ofuscándole los sentidos. Porque los verdes se desplegaron ante sus ojos, se hincharon abarcándolo todo y estallaron en un paroxismo de verde líquen y verde oruga, de verde pozo y de verde plata, de verde verdín y de verde verderón, de verde sueño y de verde afán y de tantos otros verdes purísimos e imposibles que ensancharían los cantos de Whitman y la paleta del Veronés.

Dejando atrás los ocres de los yermos y rastrojos, con los verdes vinieron olores a bosque mojado, a mar agitada, a jardín frondoso y a leña ardida, en medio de los que, a poco que se aguzara el oído, podían escucharse los lamentos de Hänsel y Gretel, la pata de palo del airado capitán Achab, los ronquidos del venturoso Simbad en la isla de Serendib o aquella gran meada de Gulliver, que apagó el incendio del palacio del país de Lilliput. Colores, aromas, sonidos tan claros, tan nítidos, tan puestos delante, tan descaradamente adentrados en los cinco sentidos como si no fueran ciertos, sino perversa broma de alguna varita mágica, los que ahora le salían al encuentro, llenándole plenamente la laguna tenida durante su larga estancia, larga para él, en el colegio.

Y que le partiera allá mismo un rayo, si las gárgolas de adorno de aquella torre lejana (si gárgolas de verdad eran los adornos que rebrillaban en la torre, o, mejor dicho, si las gárgolas, o la torre misma, podían rebrillar de aquella enajenante manera), no eran las gárgolas de adorno de la torre de su casa. O quizá fuera que a él le parecían rebrillar.

Pero lo cierto fue que allá estaba su casa. A él podían engañarle los sentidos, pero no al chófer, que se desvió de la carretera principal y tomó el camino de la mar, torciendo dos veces, entre pinares, hasta detenerse frente a una verja, apearse del automóvil y sacar del bolsillo la llave que la abría.

La puerta chirrió un poquito, haciendo torcer el gesto a Josafat, que tenía encomendada «encarecidamente» la tarea de preservar los goznes de la corrosión marina, desenroñándolos y engrasándolos «cuantas veces fuera necesario». Y lo hacía, pero siempre con un tesón algo menor que el de la mar en corroerlos y enroñarlos.

El Bentley rodó por losas, metió el morro entre hileras de evónimos, crepitó en el guijo como si pisara nueces y dejó atrás el bonito palomar recién pintado de azul. Lisardito contuvo el aliento y se abrazó a su caja de recuerdos, al ver desplegarse ante sus ojos el gran telón de ilusiones nunca olvidadas, cuando el automóvil se detuvo y los dedos enguantados de Josafat le abrieron ruidosamente la portezuela.

Entonces comenzó a sonar en sus oídos un corazón

que no sabía si era el suyo, y oyó el repetido embate de
unas aguas anteriores a su memoria, implicadas en el
mundo de lo prenatal, que batían ahora tan cerca de él
como si alguien le hubiese arrimado a la oreja una
gran caracola, y escuchó también el zureo convulso y
regocijado, sólo imaginable, en alegría, al que oyó Noé
en la proa de su arca, cuando vio retornar, olivo en
pico, la paloma enviada en busca de aquella tierra sus-
traída de debajo de sus pies por un ciclo de lluvias exagerado, punitivo, inicuo, pero afortunadamente pasajero.

Lisardito alzó los ojos despacio, trémulo, con los
huesos reblandecidos en el miedo de no hallar tal vez
a su madre aguardándole bajo la marquesina de la
puerta de entrada. Pero era un temor infundado, como
tantos otros temores de niño, porque su madre estaba
allí, a una distancia de unos doce latidos de su corazón
nada más. Y ahora, después de mucho tiempo sin
verla, a Lisardito se le paralizaban los músculos y vaci-
laba en dar un paso, en correr hacia la que nunca había dejado de tenderle los brazos en todo aquel ingrato
tiempo de ausencia. Tuvo que ser Josafat el que le tomara de la mano para sacarlo del coche.

Sin soltar su caja de cartón, el niño se dejó llevar.
Y fue cuando faltaba casi nada para llegar hasta donde
ella estaba, cuando echó al fin a correr, tratando de
acortar una distancia alongada por las prisas, que al
niño, como en un mal sueño, le pareció de nunca acabar. Pero sólo cuando se vio con la cara inundada en
sedas de color celeste, incrustado entre muslos y ab-
domen de quien se acuclillaba para recibirle plenamente, acogido a pechos olientes a tarimas, a armarios, a agua de alhucemas, a desván sobre el jardín, a
leche puesta al fuego y a tantos otros aromas de ma-

dre, supo con certeza en brazos de quién estaba, machi-hembrado a qué carne de la que un día partió.

Lisardito se pensó flecha retornada al arco. Pero no deseaba pensar. Ante todo, sentir. Su persona, reducida a las proporciones de su recipiente cabal, descansaba al cabo. Todo en él había dejado de vibrar. Incluso el arco que lo lanzó, parecía haber recobrado el descanso primordial, anterior a la tensión usada para despedirlo.

Interesada al pronto por todo lo suyo, su madre tomó la caja de cartón que el niño traía bajo el brazo y la abrió con tiento, para sorprenderse y alabar la diligencia de los gusanos de la seda allá encerrados, que ya cuajaban, sobre la peonza, el cordel y los caracolillos marinos, su red de hilos en la que hacer nido y capullo donde transformarse en mariposas. Luego, arreglándole el lazo de la corbata, peinándole los rizos a punta de dedos, ella pronunció palabras de advertencia y consejos más acordes con una despedida que con un encuentro, que el recién llegado no acababa de comprender.

Y ahora que ya estaba todo dispuesto le besó de nuevo, e hizo un leve signo de cejas para que Josafat lo condujera al coche, pues hoy empezaba el curso escolar y no era corto el trecho a Madrid. Además, el cielo se estaba empedrando de esas nubes negras que, por tierras del Norte, en un santiamén te anegan los caminos, para dejarte hincado de ruedas en cualquier socava.

El chófer empleó alguna fuerza bruta para arrancar a la desvalida criatura del vestido de su madre, al que se había agarrado con las uñas. El primer grito del pequeño Lisardo, que se vio arrastrar hacia el automóvil, levantó un sobresaltado revuelo de pichones que aquella mañana aborrecían alborotos, pues, barruntando lluvia, habían decidido quedarse a arrullar tórtolas en el palomar.

En sus poderosos brazos tuvo que tomar Josafat al niño, para meterlo en la berlina, antes de sentarse al volante. El automóvil cerró sus puertas con estrépito, como quien se tapa los oídos para no soportar lamentos.

A Lisardito no había quien le consolara. Pateó el asiento, tembló de angustia, imploró y odió, y deseó intensamente estar muerto, cerrando los ojos y cruzando los dedos, de la precisa manera que le enseñó la nurse Sirena.

La madre alzó una vez más la mano, como un reloj que vuelve una y otra vez a señalar la hora de partida de todas las horas, mientras el automóvil daba media vuelta y se alejaba por donde había venido, con un chófer sudoroso, que se desabrochaba el apretado cuello de la chaquetilla doblemente abotonada, y un niño que dejaba de mirar atrás para mojar con sus lágrimas la caja de cartón donde las crisálidas ya habían comenzado a dormir el propio asombro de un sueño en el que a los gusanos les crecen alas.